「米軍《アメリカ》が恐れた不屈の男」
瀬長亀次郎の生涯

佐古忠彦

講談社

「米軍《アメリカ》が恐れた不屈の男」　瀬長亀次郎の生涯

装幀　三村淳
カバー写真　講談社写真資料室

「米軍が恐れた不屈の男」瀬長亀次郎の生涯・目次

プロローグ　瀬長亀次郎とは何者だったのか

沖縄・那覇港には10万トンを超える豪華客船が、多いときにはひと月に10回以上も入港する。ひとたび船が入ると、まるで巨大ビルが出現したようなその圧倒的な存在感によって、港の風景は一変する。船客の多くは中国や台湾からやってくる観光客で、彼らの放つエネルギーで那覇の街はさらに活気を増す。

その〝巨大ビル〟を目の前に仰ぎ見る場所に、ある壁が立っている。

ほとんどの観光客がその存在に気づくことなく街へ繰り出して行くが、かつて、わずか10ヵ月と20日間、この那覇市の市長だった男が好んで使った言葉が、壁には刻まれている。

「不屈」――。

壁から15分ほど歩くと、多くの観光客を飲み込む「国際通り」にぶつかる。国際通りは、戦後いち早く復興したことで、「奇跡の一マイル」と言われた通りだ。行き交う観光客のための土産物店や沖縄料理を食べさせる居酒屋が数多く建ち並ぶ。

その国際通りの一角で、琉装して沖縄の民謡を奏でる「ネーネーズ」が唄っていた。

♪うんじゅが情《なさき》さ　命《ぬち》どぅ宝さ
我《わ》した思《うむ》いゆ　届《とぅどぅ》きてぃたぼり
それはむかしむかし　その昔、
えらいえらい　人がいて、
島のため人のため　つくした
あなたなら　どうする
海のむこう
おしえてよ　亀次郎

それは海が赤く　泣いている
自然をこわす　人がいる
約束は守らず　そっぽむく
あなたなら　どうする
愛と涙
おしえてよ　亀次郎

平和を愛する　ウチナーと

戦う拠点の　基地がある
手を合わせる　親祖父《うやふじ》がいるのに
あなたなら　どうする
となりあわせを
おしえてよ　亀次郎

現代の人々が、「あなたならどうする」「おしえてよ」と教えを乞う人物とは、いったいどんな男だったのか。

街の人たちは、その男の記憶をこう語る。

「一番偉い人だと思います。大好きです。沖縄県民のために一生懸命でしたよ」

「言葉が好きでしたね。正直で。（演説があると）仕事を早く終えて聴きに行ったもんです。あんな人はもう出てこないですね」

「勉強になるし、笑いもあるし。すばらしかったですよ」

「よく集まって、話を聞きました。カメさん、カメジローさん、と呼んでね。とてもやせていてね」

一様に、遠い日々を懐かしむ表情を見せた。

民衆の先頭に立ち、演説会を開けば毎回何万もの人を集めた男。

その名は、瀬長亀次郎《せながかめじろう》。

ネーネーズが歌う「おしえてよ亀次郎」は、沖縄民謡の大御所・知名定男《ちなさだお》がつくった曲だ。１９９６年に日米両政府が普天間基地の全面返還で合意し、沖縄県民に大きな期待を抱かせたが、県内移設が条件だったことから大きな反発を招いた。移設計画のかたちが変わっても、沖縄の民意が県内移設に「ＮＯ」と言い続けても、両政府は名護市辺野古への移設にこだわり続けた。

先の見えない混乱。ある日、知名は、車を走らせ、辺野古を訪れていた。米軍キャンプ・シュワブのゲート前で抗議を続ける市民の姿を見ていたら、脳裏にふと、亀次郎が現れた。亀次郎だったらどうするだろう、現代に亀次郎はいないのか？　そんな思いを歌に込めた。「亀次郎さん」ではなく、「亀次郎」。沖縄の市民にとってはそれが自然なのだ、と知名は笑う。「亀次郎はすごいよ」――知名は若いころ、おじい、おばあからそう耳にしていた。

２代前の県知事・稲嶺惠一《いなみねけいいち》は、亀次郎とは政治的立場を異にしながらも「抵抗の戦士のイメージ」とその功績を讃える。

ぶれない姿勢に感銘を受け、亀次郎の活動を支えた仲松庸全《なかまつようぜん》は、

「命を捨てているから何も怖くはない」

と、その生き様を振り返った。

反戦地主の島袋善祐《しまぶくぜんゆう》は演説で訴え続ける亀次郎の〝追っかけ〟をするのが楽しみだった。

「映画はお金がかかるが、演説はただだから」と笑った。

その半世紀以上も前の空気が、いま沖縄でよみがえっていると感じている。

「当時の演説会場を思い起こすと、人々が集まっている状況が、いまと似ているね。亀次郎という人がいなかったら、こういう盛り上がりはなかったと思うよ」

亀次郎の次女・内村《うちむら》千尋《ちひろ》は、父の姿をこう見ている。

「沖縄の人を統一させる、団結させることに信念を注いでいた人でした」

立ち向かったのは、戦後沖縄を占領した米軍の圧政だ。

祖国復帰へ向けて、民衆をリードした瀬長亀次郎——。

それは、米軍《アメリカ》が最も恐れた男だった。

演台には、やかんがひとつ。
裸電球の光の下で演説するのが、
亀次郎のスタイルだった

第1章 沖縄を魅了した演説

米軍はマングースだ

戦後70年以上が経ってなお、武器や爆弾の破片などの沖縄戦の残骸が見付かる。島袋善祐が暮らす沖縄市は、嘉手納《かでな》基地など、米軍の施設に囲まれるような地域だ。

その島袋の記憶には、終戦直後、夜な夜な家にやって来た米兵の姿が鮮烈に残っている。

「これからは、民主主義です、もう戦争はありません、と偉い人は言う。でも、夜になれば、米兵が女を襲いに来るさね。へい、奥さん、姉さんと来るさ」

島袋は、毎晩のように姿を現す米兵から、どうやって母や姉を守るか悩んでいた。思いついたのは、家の中で一番大事な床の間にのこぎりを入れて、床下に隠れ場所を造ることだった。

「ここをのこぎりで切ってね、お母さんとお姉さんをそこに入れて、女はいませんと。玄関にも大きな靴を置いて、女はいませんと」

「男しかいない」と、いかに信じさせるか。幸い、島袋一家はなんとか難を逃れたが、集落内では米兵による婦女暴行が相次いだ。

沖縄では子どもが生まれると、隣近所が集まり、お祝いする風習がある。

しかしあるとき、「絶対に来ないでくれ」と来訪を拒否する家があった。生まれてきた赤ん坊が、家族の誰にも似ていない、褐色の肌だったからだ。出産後に初めて、娘が黒人兵に暴行を受けていたことがわかり、父親は大きなショックを受け、かたくなに祝福を拒んだ。

「みんな言わないだけで、12名は米軍に襲われた。いつのことだったか、母と話していて、12名と言ったら、13名だと言われた。実は、ってお母さんが言う。あんたのおばさんも米軍に犯されたんだよ、と初めて聞いた」

常に身近に暴行の恐怖がついてまわる。それが、沖縄の戦後の始まりだった。

「米軍はマングースと一緒だ」

と島袋は言う。マングースとは、沖縄に生息する毒蛇・ハブやネズミを退治するために導入された外来種だが、招いたのは、悲惨な結果だった。ハブ退治より、むしろニワトリ、アヒルなど鳥類の敵となり、国の天然記念物ヤンバルクイナまで食い荒らした。

「良くするといって外から入ってきたが、結果は暴行するわ、ジェット機を落とすわ……マングースと一緒だ」

沖縄の人からいまも慕われる伝説の男・瀬長亀次郎が政治活動を始めたのは、こんな時代だった。

このころ、亀次郎自身も、ある現場に遭遇している。

一人の女性が米兵に暴行されていた。

傍らには、その夫がいた。夫は、妻を守ろうと必死に抵抗したが、その場で米兵に射殺されてしまった。こんなことが、日常的に頻発していた。

亀次郎一家が疎開した北部に、田井等《たいら》という市があった（現在は名護市の一部）。亀次郎は、米軍に任命された池宮城《いけみやぎ》永賜市長の要請を受けて助役を務めた。その後、平良辰雄市長の下で総務課長となった。

この田井等市に、戦後設けられた田井等収容所では、栄養失調で倒れる人が相次いでいた。せっかく苛烈な沖縄戦を生き延びたのに、多くの人が餓死する危機に瀕していた。

平良と亀次郎は、配給する食糧を増やすよう米軍に何度も申し入れを行ったが、米軍幹部の回答は冷淡なものだった。

「いったい、戦争に負けたのは誰なのだ。生きておればそれでいいではないか」

婦女暴行についても抗議し、規律を正すよう求めたが、出てくるのは暴言だけだった。

「そちらに油断があるんだろう」

「個人個人の楽しみまで規制できない」

米軍の正体見たり……亀次郎の心中には、そんな思いが広がっていた。

沖縄は鼠、軍政府は猫

現在の沖縄の政治経済の中心は那覇市だが、戦後にまず発展したのは、中部の町・旧石川市である（現在はうるま市の一部）。

戦後初の行政組織「沖縄諮詢会《しじゅん》」が石川市に発足したのは、１９４５年８月20日。本土の終戦の日から５日後のことである。本拠となった赤瓦の民家が、いまも残る。

沖縄諮詢会は、米軍政府の諮問機関で、15人の委員で構成された。翌年に沖縄民政府に組織が移行するまで、住民と米軍の、いわば橋渡しの役割を担っていた。その会議録には、米軍側の居丈高な発言が数多く残されている。１９４６年４月18日の記録には、亀次郎が感じたその〝正体〟が垣間見える。

「民衆の声を聞いて沖縄復興のため尽したい」

委員のひとりが述べると、米軍政府のワトキンス少佐はこう発言した。

「米国では民衆の声は重大視しているが、しかし、沖縄は敵国であるから民衆の声はない」

「大多数の将校は沖縄人は信頼できないではないかと見ている」

ときには脅しと思えるような発言もある。

「数日間に政治機構ができあがるが米軍の将校としてはそれを潰すのも朝飯前の話である」

そして、有名なフレーズがある。

「軍政府は猫で沖縄は鼠である。猫の許す範囲しか鼠は遊べない」

戦争直後こそ、沖縄戦で住民を虐殺《ぎゃくさつ》するなどした日本軍からの「解放者」と言われた米軍も、次第に「占領者」の顔を見せていった。まさに植民地支配そのものの実態に、亀次郎はこう語っている。

「戦争は終わったが、地獄は続いていた」

「この連中は県民の味方ではない」

どうしたら、鼠が巨大な猫に嚙み付けるか――亀次郎の出した答えは、「組織を作ること」だった。

沖縄諮詢会が置かれていた民家から通りをはさんだ向かいに沖縄銀行がある。その駐車場の一角が、当時、戦後の沖縄初めての新聞社「ウルマ新報」があった場所だ。「ウルマ新報」は、現在の琉球新報の前身のひとつで、当時は、米軍の機関紙のような性格をもっていた。

1946年9月、うるま新報（この年5月に平仮名表記に社名変更）社長の島清が亀次郎に会いに来た。島は社会主義者で、東京へ移り日本社会党から参院選に出馬することになったため、その後任を探していたのだ。

「私は本土に渡って国会議員に立候補するつもりだ。私の後釜に、瀬長君、是非君が引き受けてくれないか」

思想的には一致しないという思いがあったものの、戦前から日本軍と大政翼賛会に批判的であったことから、島にある種の共感を抱いていた亀次郎は、結局、島の申し出を引き受ける。

島は、米軍幹部にも亀次郎を推薦した。

「瀬長亀次郎とは何者か？」

という米軍の問いに、島はこう答えている。

「戦争に反対した人物である」

米軍は、即座にＯＫを出した。戦争協力者を徹底的に排除していこうというのが、この時点での米軍の判断だったのだ。

一方の亀次郎は、社長就任にあたって米軍に３つの条件を出した。

・記事の事前検閲は行わないこと
・それまで報酬のように受けていた米軍からの物資の配給を受けないこと
・新聞の無料配布制を有料制に改めること

米軍は検閲については最初、即答を避けたものの、結果的にすべて受け入れた。

こうして亀次郎は「うるま新報」の社長に就任したが、その後の米軍と亀次郎の対立を思えば、歴史の皮肉とも思える。

亀次郎は、就任後、早速「ジープがないと販売も集金もできない」と訴え、米軍にジープを要求する。交渉相手のハウトン大尉は、

「誰が運転するのか、できるのか？」

と目を丸くしたが、結局受け入れられ、中古のジープが配車された。

亀次郎はわずか2時間の猛練習で、運転技術に自信を持ったという。

このジープを使って沖縄中を駆け回り、軍事占領に疑問を持つ人々との関係を強めていった。


そして、1947年7月20日、沖縄人民党設立。

米軍のジープが、人民党結成に一役買ったのである。

設立の準備会合は、「沖縄諮詢会」を引き継ぎ玉城《たまぐすく》村に移った「沖縄民政府」の食堂で重ねられた。本土では、新しい憲法の制定により、国家・国民主権の確立、恒久平和、基本的人権の尊重、議会制民主主義、地方自治権の確立が位置づけられたのに、沖縄では何一つ保障されていない。その現実に、亀次郎らは、平和と民主主義、自治と人間らしい暮らしを勝ち取ることを目指した。政策の冒頭に掲げたのは、「人民自治政府の樹立」。肝心の党名は、労農党、農民党、共産党など、議論百出であったが、「人民党」に収斂《しゅうれん》していった。

人民党が掲げた綱領は、日本が第二次世界大戦降伏の際に受け入れた「ポツダム宣言」の趣旨に則ったものだった。

一、　わが党は、労働者、農民、漁民、俸給生活者及び中小商工業者等全勤労大衆の利害を代表し、ポツダム宣言の趣旨に則り、あらゆる封建的保守反動と闘い、政治、経済、社会並に文化の各分野に於て民主主義を確立し、自主沖縄の再建を期す。

二、わが党は、公益事業の公営を図り、中小私企業の振興と海外貿易の発展に依り沖縄経済の自立を期す。

三、わが党は、人種、国籍、宗教に依る差別待遇を排除し、人権を尊重し、世界平和の確立を期す。

亀次郎は、かつて、ポツダム宣言に出会った感動を記していた。2015年に発見された未完成の遺稿にはこうある。

「そのときの感激は一生忘れないだろう。それは、沖縄人民党結成の動機のひとつとなり、米占領軍からの県民解放の理論的武器になった」

鼠は猫に嚙み付く存在になれるか。

いよいよ人民党の亀次郎が、米軍に挑んでいく。

神様の演説

亀次郎の目には、沖縄の人々の姿が、理不尽な占領軍への「抵抗心」を奪われているように映っていた。そんな人々の心の奥底にあるものを呼び覚まし、一筋の光となったのが、亀次郎の演説だった。

亀次郎の演説の「追っかけ」だった島袋の頭からは、あるフレーズが離れることがない。筆者の前で、島袋は亀次郎のジェスチャーそのままに、再現してくれた。右手を高々と上げて、そのフレーズは始まった。

「一握りの砂も」

次は左手。人差し指を立てた。

「一リットルの水も」

そして両手を広げて、次に体の前で輪を作った。

「ぜーんぶ、私たちのものだ。

地球の裏側から来たアメリカは、泥棒だ。

だから、みんなで団結して負けないようにしよう」

すると、会場からこんな声があがった。

「したいひゃー！　カメジロー‼」

「したいひゃー」とは、沖縄の方言で、やった、でかした、あっぱれという意味がある。権力者を前に言えないことを、亀次郎が言ってくれる。民衆は胸のすく言葉に熱狂していた。

亀次郎は、こう訴えた。

「あきらめちゃならん。戦に負けたのは仕方がない。戦争に負けたんだから、財産も焼かれた。しかし、これは間違いなんだ。戦争したのはだれか？　東京の日本政府だ。われわれはやってない。だから、私たちから奪うのは間違いだ」

墨で書かれた演説会の告知ビラは、バケツにためた糊で電柱に貼られていった。それを見た人々は、「きょうは亀次郎の演説だ」と、声をかけ合って出かけた。演説会は、多くの場合、夕方から行われたが、早めに夕食を済ませ、一家そろって出かける家族が多かった。亀次郎の演説は、占領下の沖縄の人々に希望を与えていた。

島袋は、当時の聴衆の声を思い出していた。

「いい勉強になりおったよ。勇気が出るって。戦争に負けて、親もみな殺されて、みな泣いていたからね。前に進むようにって。この演説が、米軍に射殺された天国のお父さんもお母さんも喜ぶんだよって」

そして、聴衆は声をそろえた。

「亀次郎は神様みたいだね」

裸電球が一つつるされ、演台の上にはやかん。これが亀次郎の演説のスタイルである。

神様の演説は、聴いた者の心をつかんで離さなかった。

いまに語りつがれている名演説、名フレーズがある。終戦から5年後の1950年、亀次郎は、首里《しゅり》中学校の校庭での演説会に臨んでいた。

そこで亀次郎は、団結して声を上げることの大切さを訴えた。

「この瀬長ひとりが叫んだならば、50メートル先まで聞こえます。
ここに集まった人々が声をそろえて叫んだならば、
全那覇市民にまで聞こえます。
沖縄70万人民が声をそろえて叫んだならば、
太平洋の荒波を越えてワシントン政府を動かすことができます」

この演説会で司会をしていたのが、その後人民党で亀次郎を支えていくことになる仲松庸全である。仲松の耳には、鳴り止まない拍手の音がいまも残っている。

「指笛を鳴らして、拍手が収まらない。司会者の私も、その長い拍手をどう解く（収める）か苦労しました。次の弁士を紹介しなければならないのに、（拍手が止まず）長い時間がかかるんです」

「追っかけ」の島袋と同じように、仲松も当時の人々の思いを代弁した亀次郎の言葉の魅力を語る。

「戦争が終わって、無の中から焦土の中で生活を始めて、アメリカのちょっとの配給では食べていけない。アメリカのやり方にも不満がある。みんなこぼすことはこぼすけど、大きな声で訴えるのは瀬長さんが初めてでした。それまで誰も口にしなかった基地撤去とか、米軍は土地代を支払えとか、そういう要求を高く掲げて演説したんです。すごい迫力でした」

首里周辺の道路は、あちこちに停められた車で溢れ、動きが取れなくなるほどで、４万人が中学校の校庭を埋め尽くした。亀次郎の演説は、自分の苦しみを代弁してくれた、という思いを人々に抱かせた。初めて、沖縄の要求が具体的に打ち出された、と仲松は話す。

元知事の稲嶺惠一も、亀次郎の演説を追いかけていた一人だ。

知事時代はいつも苦虫を噛み潰したような表情をしているイメージだったが、久しぶりに会った稲嶺は、ニコニコしてとても元気そうだった。知事時代は、基地問題に悩み、毎日泡盛を飲まないと、眠ることができなかったという。

１９５０年当時、高校2年生だった稲嶺にとっても、亀次郎は「希望」だった。

「大衆的なおじさん、沖縄のおじさんといった感じだったですねえ。親しみやすいんです」

亀次郎は、タレント、芸能人のような存在だったという。

「演説の日は、早い時間から、むしろをもって、仲間と一番前に席を取って聴いていました。何時間も前から座り込んでね。強烈にアメリカをたたくでしょ、気持ちを代弁して言ってくれるし、施政者をやっつけてくれる。若い青年にとっては憧れの人でした。非常に痛快で、演説が終わると、みんなニコニコして帰っていきましたよ。

いまでこそ、権力者に対しても言いたいことが言えるけど、米国の統治下はそうではない。はっきり言うことは相当勇気が要ることで、いつ投獄されるかわからない。そのなかで言ったということが評価されたんじゃないでしょうか」

占領された民は、はけ口を求めていた。

「戦争直後は、日本軍への反発があって、アメリカに対しては必ずしもマイナスイメージばかりではなかったんです。アメリカによって仕事を与えられ、食べさせてもらったというところもある。しかし、ある程度安定してくると、自分たちの人権が抑えられていることに対して発言も出てくる。思うようにならない。米兵が事件事故を起こしても、大半がうやむやにされて、占領された民は、占領軍に対してはものすごく鬱積《うっせき》した感情を持ちますね。自分が言うより、亀次郎が言ってくれたことで自分が言ったような気持ちになるんですね」

それはまさに、神様の演説だった。

「言えないことを代弁してくれることをみんなが高く評価していた。姿勢も一貫して変わらない。反対、抵抗運動というと、陰性な話をする人もいるが、瀬長さんは非常に陽性なんです。陽性は人を引き付けるんです」

稲嶺が続ける。

「占領されて日本から引き離されて沖縄の人々は暗かった。そのなかで先頭に立って堂々と発言したということが、人々に一筋の光を与えた。光を。ずいぶん違うんです。暗い心でいるのか、そのなかで光を持つことができるのか」

人々は、亀次郎の演説にみずからの思いを託した。現代の県民大会につながる、戦後の沖縄の人々の意思表示の原点といえた。

「カメさんの背中に乗って祖国の岸に渡ろう」亀次郎の応援弁士はそう力説し、日本復帰を訴える第一歩を記した。

沖縄の人たちは、日本への復帰を意識しはじめた。

1952年4月1日、
琉球政府創立式典で、
ただ一人立ち上がらず、
脱帽もしなかった
（最後尾）

第2章 米軍vs.カメジロー

本土から分断された島

「日本人民との結合。それのみが沖縄人民を貧乏から解放する道である」

亀次郎は、「日本人民と結合せよ」という論文で、そう書いている。

しかし、急を告げ始めた世界情勢が、その道行きを遮《さえぎ》った。

1950年6月、朝鮮戦争が勃発。ソ連との冷戦構造がより深刻になったことで、反共の防波堤が必要になったアメリカは、その4ヵ月前、軍事占領している沖縄を恒久基地化すると宣言していた。

翌1951年9月8日には、サンフランシスコ講和条約の締結により、日本の主権回復と、沖縄を日本から切り離し、アメリカの施政権下に置くことが決まった。と同時に日米安保条約が結ばれ、独立国に米軍が駐留することになる。

ここに至るまで、本土と沖縄の分断を図る動きが続いていた。

アメリカは太平洋戦争の最中から、戦後ソ連、中国にどう対峙するかという世界秩序を想定し、沖縄を東アジアの要衝《ようしょう》として拠点を築く戦略を持っていた。

そのために、本土と沖縄を分断しようと、両者の間にある精神的な亀裂に注目し、それを拡大させようと狙う。沖縄戦では「心理作戦」を展開し、本土と沖縄を切り離そうとした。

沖縄外洋に停泊する軍艦の中などで、あわせて800万枚もの大量のビラを刷り、上空から撒《ま》いた。そのなかで特徴的なのは、本土と沖縄、両者を区別するビラだ。

〈内地人は、皆さんたちに余計な苦労をさせます。（中略）ただ、貴方たちは内地人の手先に使われているのです〉

〈この戦争は貴方たちの戦争ですか。それとも皆さんたちを苦しめる内地人の戦争ですか〉

そこでは、ことさらに「内地人」という言葉を強調していた。沖縄の人々は、戦時中ビラを拾うことを、日本軍によって固く禁じられていた。米軍が撒いたビラを持っていれば、スパイとして銃殺の命令が出ていたほどだ。しかし、取材で出会ったある沖縄戦体験者は、空から舞い降りてきたビラが気になって仕方がなかった。

「そこには真実があるのではないか」――そんな疑問を持ちながら、日本兵に見つからないようにビラを持っていたという。

歴史的に差別され、「日本人」になろうと沖縄戦を戦っているのに、日本軍に壕から追い出されたり、虐殺されたりと、沖縄県民には日本軍に対する大きな不信感があった。のちに、「軍隊は住民を守らない」という教訓が生まれたのも、この体験からだ。

一方、内地人とよばれた日本本土側にも沖縄に対する露骨な差別意識があった。沖縄の兵士を教育するための文書にはこんな言葉が並んでいる。

「敏捷《びんしょう》ならず」

「無気力、無節制、責任観念に乏し」

「向上発展の気概なし」

こうしたことから、アメリカは研究を重ね、双方の間に心理的な溝があると認識していた。

それは、「琉球列島の沖縄人—日本の少数民族」という米軍の報告書にまとめられている。研究はハワイに移住した沖縄出身者への聞き取り、沖縄人の起源、歴史、性質と性格などさまざまな項目にわたっていて、それまでの日本による沖縄評価とは逆に、沖縄を高く評価するもので、日本が行ってきた沖縄への差別を批判し、心理作戦に踏み切るという結論を導き出している。

「沖縄人は踏みつけにされてきた、という考えを増大させ、そして日本人全体として対比させて沖縄人としての自覚を持たせるように方向付けをする宣伝運動は、即ち懐柔策は実を結ぶ可能性がある」

「二つの日本人グループ間の亀裂に重点を置くのがよいと思われる」

沖縄を日本から引き離し、その沖縄に、戦後、安定的に基地を維持する意図のもと、差別的な歴史や琉球人としてのアイデンティティーを思い起こさせ、日本は侵略者で、アメリカは解放者であるという認識を持たせていく。

戦後も「琉米親善」を合言葉に、子どもたちへ米軍からの贈り物を配ったり、親善のためのイベントを開いたりして、沖縄とアメリカの関係を深め、いわば離日政策が徹底された。1853年にペリーが那覇へ来航した5月26日を「米琉親善の日」とするなど、アメリカへの支持の拡大を狙い、本土との分断を進めた。

GHQ（連合国軍最高司令官総司令部）のマッカーサー最高司令官も、新聞紙上でこう述べた。

「琉球はわれわれの自然の国境である」

「沖縄人が日本人でない以上米国の沖縄占領に対して反対しているようなことはないようだ」

そして、この発言の2ヵ月後、昭和天皇の側近がGHQに届けたとされるのが、いわゆる天皇メッセージである。

沖縄県公文書館に資料が保存されている。

1947年9月22日　東京

主題：琉球諸島の将来に関する日本の天皇の意見

国務長官閣下　在ワシントン

マッカーサー元帥あての1947年9月20日付覚書の一部を同封いたします。これは、天皇の助言者である寺崎英成氏が自らの意向で当顧問部を訪れた際に同氏と交わした会話の要旨を内容とするものですが、とくに説明は要しません。

注目される点として、日本の天皇が、米国が沖縄そのほかの琉球諸島の軍事占領を続けるよう希望していて、それは疑いなく私利に基いている希望であることです。

また、天皇は、長期租借によって米国がこれら諸島の軍事占領を続けることを想定しています。天皇の考えによれば、日本国民は、それによって米国は下心がないと確信し、軍事目的のための米国による占領を歓迎するだろうということです。

敬具

使節団顧問　W・J・シーボルト

「琉球諸島の将来に関する日本の天皇の意見」を主題とする在東京・合衆国対日政治顧問から１９４７年９月22日付通信第１２９３号への同封文書

連合国最高司令部外交局

１９４７年９月20日

マッカーサー元帥あて覚書

天皇の助言者である寺崎英成氏が、沖縄の将来に関する天皇の考えを私に伝える目的で、あらかじめ日時を約束して来訪した。

寺崎氏は、天皇は、米国が沖縄、その他の琉球諸島の軍事占領を継続するよう希望していると、言明した。天皇の考えでは、そのような占領は米国に役立ち、また日本に保護を与えるとしている。このような措置は、日本国民の間で広く賛同を得るだろう、彼らは、ロシアの脅威を懸念しているだけでなく、占領が終わった後に右翼及び左翼勢力が台頭し、日本の内政に干渉するための根拠にロシアが利用できるような「事件」を引き起こすのではないか、と懸念しているのである、天皇は、以上のように考えている。

さらにまた天皇は、沖縄（さらにその他必要とされる島々）に対する米国の軍事占領は、主権を日本に残したままでの長期——25年ないし50年またはそれ以上の——租借という擬制にもとづいて行われるべきと考えている。天皇によると、このような占領方式は、米国が琉球諸島に対して恒久的野心を持っていないことを日本国民に確信させ、ひいてはこれにより他の諸国、とくにソ連と中国が同様の権利を要求するのを封ずるであろう。

手続きに関しては、寺崎氏は、（沖縄、その他の琉球諸島に対する）「軍事基地権」の取得は、連合国の対日講和条約の一部としてではなく、むしろ米国と日本の二国間条約によるべきであるという考えであった。寺崎氏によれば、前者の方式は、押し付けられた講和という色合いが強すぎて、将来、日本国民による好意的理解を危うくする恐れがあろう。

W・J・シーボルト

のちに明らかになる、この〝天皇メッセージ〟は、沖縄に大きな衝撃をもたらした。同じ年、日本本土では、GHQ監督下で、いわゆる平和憲法が施行されている。沖縄の軍事占領と、日本の非武装化は、表裏一体だったのだ。

起立せず

いまも多くの観光客を集める琉球王国のシンボル・首里城は、沖縄戦で、その地下には日本軍の司令部壕があったことから、米軍によって破壊しつくされた。無残に崩れた石垣を残して、琉球王国の遺産は跡形もなくなった。

この場所には、戦後、琉球大学の校舎があった。

1952年、この「首里城跡地」で、亀次郎と米軍の闘いの原点ともいえる出来事が起きる。本来の首里城の正殿の場所にアメリカによって建てられた本館校舎で、4月1日、「琉球政府創立式典」が行われた。琉球政府は、体裁こそ住民の自治機関であるが、実際は、民政府と名を変えた米軍の指揮下にあった。

式典の舞台では、星条旗と並んで将官旗がはためき、開会を告げる陸軍の軍楽隊の大コーラスが響いた。そして、ビートラー米民政府副長官がこう挨拶をした。

「アメリカには植民地野望はなく、不安な国際情勢下に太平洋の前衛地としての当地に駐屯を余儀なくされている」

致し方なく沖縄にいるのだ、というメッセージを、のちに亀次郎は「しらじらしい」と振り返っている。亀次郎は、直前の立法院議員（現在の県議会議員にあたる）選挙でトップ当選を果たし、この式典に参加していた。

式典の最後に、選挙で当選した議員の宣誓が行われた。宮城久栄議員が宣誓文を朗読。その他の議員たちが脱帽し、直立不動の姿勢をとるなかで、ただひとり立ち上がらなかった人物がいた。ひとり、最後列の席で座ったまま。

なぜだ？　会場にはどよめきの声すらあがっていた。

その人物が、瀬長亀次郎だった。

泉有平議長が、順に議員の名を読み上げて、それぞれが礼をする。

「瀬長亀次郎さん！」

呼ばれても、返事もせず座ったまま。将軍らの顔は真っ赤になり、琉球政府主席や高官は青ざめていた。

当時、うるま新報から名を変えた琉球新報の記者だった仲松庸全が、この現場にいた。

「瀬長さんが鳥打帽をかぶったまま座っているんですよね。私自身も声を出したんですが、うおーっという地鳴りのような声が、会場全体からあがったんです。ああいう宣誓拒否は、その場面は（映像に）残しておきたかったと思うぐらいです。驚きというか、感動というか……。アメリカに対する抵抗を表した。アメリカ帝国主義への挑戦ですよ」

亀次郎のこの行動には、法的な根拠があった。

ハーグ陸戦条約である。

いわゆる戦時国際法のひとつで、攻撃手段の制限や占領、交戦者の資格、捕虜の取り扱いなどを規定している。その中に、

「占領された市民は、占領軍に忠誠を誓うことを強制されない」

という条文があるのだ。

亀次郎はその行動に、常に法律的な裏づけを意識していた。

この創立式典の前日、立法院から印鑑を持参するよう通知があった。宣誓書に捺印するためというのだ。亀次郎が通知に応じず、出向かずにいると、立法院職員が「立法院議員は、米民政府と琉球住民に対し厳粛に誓います」という宣誓書を持って自宅にやって来た。このとき、亀次郎を除くすべての立法院議員の捺印がすでに済んでいた。

亀次郎は、宣誓文から「米民政府」を削らないと判は押さない、と突っぱねた。

「これはひとり沖縄県民だけの問題ではなく、日本国民に対する民族的侮辱であり、日本復帰と平和に対する挑戦状だ」

困り果てた職員は、宣誓書をいったん持ち帰るほかなかった。

2時間後に再びやってきた職員に見せられた宣誓書からは、亀次郎の要求通り「米民政

府」の文字が消えていた。

〈宣誓
吾々は茲に自由にして且つ民主的な選挙に基いて琉球住民の経済的
政治的社会的福祉の増進という崇高な使命を達成すべく設立された
琉球政府の名誉ある立法権の行使者として選任せられるに當り
琉球住民の信頼に應えるべく誠實且つ公正に其の職務を遂行することを
厳粛に誓います〉

しかし、これには見えすいたカラクリがあった。

宣誓書には、英語で書かれたものと日本語で書かれたものの二つがあり、英文を確認すると、こちらのほうには「米民政府」がしっかり残されていたのだ。再度、亀次郎は捺印を拒否した。ずらりと並ぶ名前の、瀬長亀次郎の下だけが空欄なのである。亀次郎は、三度目にやって来た職員から、式典への参加を確認されると、それには「喜んで参加します」と応じ、臨んだ式典の場で、起立を拒否したのだ。

ポツダム宣言の受諾によって訪れるはずの平和が来ない。しかもそれを阻んでいるのは、宣言を主導し受諾を迫った当のアメリカである。

亀次郎は、ここに大きな矛盾を感じていた。沖縄に対する侮辱は、日本に対する侮辱と同じだ。民主主義に反している。それが亀次郎の思いだった。

耐えられない民族的侮辱

この日の午後に開かれた立法院の全体協議会で、亀次郎は、宣誓書をめぐって泉議長を質問攻めにした。

亀次郎「午前式典で朗読された宣誓文には私は捺印せず忠誠の誓いを拒否した。それは人民代表の当然とらなければならぬ基本的態度である。従って議長は次の諸点に答えてもらいたい。

① あの宣誓文は議長が発案したのか

② 議員の誰からか提案されたのか

③ 軍から強制でもされて起草し全議員の捺印を求めたのであるか」

泉議長「軍から強制されて書いたものでもなければ議員から提案されたのでもない、しかしゼンキンス中佐ができ上がったら見せてくれと言っていたので見てもらったが、別に訂正された個所はなかった。私が責任をもって書いたのである」

亀次郎「ゼンキンス中佐から見せてくれと言われて見てもらったと言われたが、それは強制されたと解してよいものと思うがどうか」

泉議長「強制されたとは思わない」

亀次郎「宣誓文を琉大で朗読したが何びとに対して誓ったのか」
泉議長「住民に対して誓ったのである」
亀次郎「住民に対しての誓いをなぜビートラー副長官に向かって朗読したのか、それだけでなく、朗読後直ちに彼にそれを差し上げたのはどういう意味か」
泉議長「個人的にプレゼントとして差し上げたのである」
亀次郎「これで住民に対して誓ったのではないことはわかったが、個人的な贈り物としてアメリカ人の大好物たるエビやカニをプレゼントするのなら文句はなかろうが、人民の代表の印鑑を軽々しくおしてプレゼントするとは情けないではないか」
泉議長「…………」
亀次郎「宣誓文は日英各六通あったが誰々にやったのか」
泉議長「ビートラー副長官、ステヤレイ少将、ルイス准将、ゼンキンス中佐と一部は行政府、一部は立法院」
亀次郎「行政府に対して英文をつけてプレゼントするのはおかしいではないか。もっと誰かに献上したのではないか」
泉議長「…………」
亀次郎「議長は住民に誓ったのだといっているが、あの原文は最初『米国政府並に』となっており、私が言わなければその通り書いて署名させ国際法を自らおかすことになったと思わないか」

泉議長「あとで気がついたので『米国政府並に』の文句は削除した」

亀次郎「朗読の代表は何者が決めたのか、又どうして院にはからずに自分勝手で決めて午前中のような失態をしでかしたのか」

泉議長「代表者の選定とあの式場で朗読したことについては自分の落度であるのでお詫びします」

亀次郎「発足の日であるので立法院の自主性を死守する意味で質問したのである。与えられた自主性だけでも守らねばならぬと信ずる。今後もあることだ、注意してもらいたい」

この「事件」から32年後、琉球放送のインタビューで、亀次郎はこう語っている。

「われわれは（沖縄県民に）選挙されたんだから、アメリカではなく、沖縄県民に誓います、というのは当然のこと。米国民政府に忠誠を誓うために選挙されたんじゃない。アメリカの星条旗の前で宣誓させるとはいったい何事だと。まあ、こういうことです」

耐えられない民族的侮辱――それが意味するのは、沖縄の主権がいったいどこにあるのか、住民ではないのか、という亀次郎の大きな問いかけであった。

「米民政府も琉球政府も議長も衝撃を受けたのは、間違いない。まあ、聴衆からいえば溜飲が下がった感じはした」

しかし、この行動はアメリカの大きな怒りを買った。

「この事件がアメリカにとっては、瀬長は好ましからぬ人物と印象付けた」

亀次郎自身が、そう語っている。

アメリカの亀次郎に対する警戒心は、さまざまな攻撃の形をとって表れるようになっていく。1952年8月19日、民政副長官のビートラー少将が立法院で行った〝反共演説〟は、亀次郎と人民党に対する「宣戦布告」といえた。

「琉球人民党（※沖縄人民党は一時琉球人民党に党名を変えていた）の主義及び目的が国際共産主義の原則及び目的と軌を一にしているという疑うべからざる証拠を本官は持つものであります。

琉球人民党をしてもしこのまま阻止されることなく継続せしむるならばこの島々に強いて共産主義支配圏の確立を目指す道程をたどりつつあるという争うべからざる証拠を本官は握っているのであります。（中略）琉球人民党の言行は、それが明らかに共産主義と呼ばれる恐怖すべき病気の媒介者であることを十分に立証しているのであります。（中略）

この政党が如何なるものであるかはこの記念すべき議会の創立に当たって琉球諸島の政府と国民に忠誠を誓うことを拒否したその代表者がことごとくその忠誠を示すことを拒否した唯一の者であるということは注目すべきであります。（中略）

琉球人民党の指導者が如何なる人間であるかを認識して彼らの今植えつつあるそうしてこ

れを琉球の全村にその触手を伸ばさんとしている、この恐怖すべき疫病の伝播を諸兄の力ある限り防がれんことを切望するものであります」

ほんの一部を抜粋しただけでも、人民党と共産主義ということばのオンパレードだ。さらにほとんど名指しする形で亀次郎批判を徹底している。その日、亀次郎は選挙応援で奄美大島にいて立法院を留守にしていた。

米軍はなぜ法の制約を受けないのか

同じ演説でビートラー少将は、人民党主導による労働者の権利獲得の動きを牽制《けんせい》している。

「労働者が政党の政治的支配下に組織化されるなら、それはとくに政治の自由を脅かす武器となる」

亀次郎はこの言葉にあらがうように、労働者の権利の確保に奔走《ほんそう》する。

沖縄では、米軍の基地建設が急ピッチで進み、多くの人々がその工事に従事していた。労働者は低賃金の、劣悪な条件で酷使され、人種差別的な扱いを受けていた。もちろん、組合もない。その状況を少しでも改善しようと、亀次郎は労働法の制定を目ざした。その使用者の定義に、米軍を加えることが大きな目標であった。

２０１５年に発見された亀次郎の未完成の遺稿には、立法院での審議のやり取りが再現されている。亀次郎は、法案の発議者として答弁している。

質問者「人種、国籍を問わずとあるが、アメリカ人も使用者になるのか」

亀次郎「そうです。米軍及び米軍関係の事業所に働いている労働者はこの法によって労働基本権は保障されます」

質問者「米軍そのものも使用者なのか」

亀次郎「その通りです。軍関係労働者はいま6万8千余と発表されています。この立法で保護され、団結権、団交権、罷業権は保障されます。また不当労働行為を米軍はやってはいけないことにもなります」

質問者「沖縄はいま、米軍の占領支配下にある。その米軍をわれわれの民立法でしばりつけることができると、あなたはほんとに考えてこの労働法を発議したのか」

亀次郎「いうまでもありません。アメリカは自由と民主主義の旗を降ろしたとはいってませんから。法に従わなければなりません。

４月１日の琉球政府創立式典に沖縄の最高軍事権力者である政府長官リッヂウェー大将は『将来は、軍事以外の日琉間の問題は住民におまかせする』といってました。それがウソ偽りでなく、ほんとに実施に移されるならば、米軍は労働者を使用して賃金を支払っているのであるから当然、使用者としてこの法の制約を受けなければなりません。それとも積極的に米軍は使用者からはずせというお考えでもあるんですか」

質問者「発議者は質問に答えればよい。(めはいかりに燃え、口びるはふるえている)あんたは反米的だからそんな軽口をたたくが、いまにみろ、米軍がどんなことをやるか思い知らされるぞ」

亀次郎「私は別に興奮していないし、いたって平静であり、また軽口もたたいていません。事実をのべただけです。リッヂウェー将軍のメッセージをあなたはウソとでもいいたいのですか。彼がメッセージでのべたことをそのまま理解して反米というのであれば、その解明は難しいです」

質問者「日本の労働組合法や基準法では使用者のなかに米軍をいれていますか」

亀次郎「いれていないと思います」

質問者「全日本の占領軍総司令官のリッヂウェー大将は、琉球政府長官をかねている。日本全土の労働法にいれていない米軍を琉球の立法に入れて米軍の手足をしばりつけることが論理上できると思いますか。また許すとでも思いますか」

亀次郎「わたくしは、占領軍はオールマイティ的権力、絶対無限の権力、何者にも制約をうけないで、勝手気ままに振る舞う権力は与えられていないと思います。私の基本的考え方はそこにあります。リッヂウェーのメッセージをあげましたが、日本政府が降伏して無条件に受諾したポツダム宣言にはとくに、民主主義の復活強化をはばむいっさいの障害の除去、言論、宗教、思想の自由と基本的人権の確立、軍国主義の一掃と平和的、民主的な日本の建設がもとめられています。

それを米軍にも厳正に守ってもらって、米軍がこの立法に賛成してもらうようお互い力を合わせたいというのが発議者の願いです。なお念のために、例の式典でのべたビートラー民政副長官のあいさつ『米国には植民地野心はない。不安な国際情勢下に太平洋の前線基地としての当地に駐屯を余儀なくされている』また『主席公選の約束をした』ルイス准将の言葉も参考になると信じていますから思い出してください」

アメリカの政策は、日本本土と沖縄でダブルスタンダードだった。民主化を急ぐ本土では、労働組合の結成を奨励し、女性参政権、農地改革などの五大改革指令のひとつに労働関係三法の整備があった。

ところがその一方で、沖縄の占領米軍には労働者の権利保護に動く気配はなかった。亀次郎は労働者の権利をいかに認めさせるか、本土にある労働三法の制定に奔走した。とくに、使用者の定義に、米軍を含めることにこだわり抜いたのである。

市民を向くか、「米軍」という権力者を向くか――議員としての姿勢が問われる局面だった。

ホールド・アップ

１９５３年の年が明けた。

自宅で同僚と新年の祝いを開いていた亀次郎のもとに、急報が届く。

このとき、基地建設現場のひとつ美里村（現・沖縄市）の砕石場で、労働者たちが待遇改善のストライキに入っていた。それに対し、米軍から工事を請け負っていた本土の建設会社が、スト中の労働者の大量解雇を決定したというのである。おとそ気分は吹っ飛んだ。

「真栄田《まえだ》くん、行こう」

亀次郎は、人民党書記の真栄田義晃《ぎこう》に声をかけ、箸をおいて立ち上がった。

砕石場の休憩所でストを続ける労働者たちと合流、激励の挨拶をしている最中、ふたりの米兵が姿を見せた。

制服から、空軍の憲兵のようだ。手にはピストルを持っている。

「ＩＤを見せろ。証明書を出せ」

建設会社が発行した従業員証のことらしいが、亀次郎と真栄田が持っているわけがない。

目を血走らせた米兵が、「壁に向かって立て、両手を挙げろ（ホールド・アップ）」とピストルを向けた。映画の一場面のようだった、と真栄田は振り返る。

「何者だ⁉」

そう言いながら、米兵ががちゃがちゃと銃の安全装置をはずす。亀次郎と、真栄田のふたりだけを残して、労働者は部屋の外へ出された。

これはやられる——そのとき、亀次郎がささやいた。

「真栄田くん、平気な顔をしておけ。あいつらの顔を見つめるな。知らん顔して天井でも見つめておけ。やつらは臆病者だから、見つめたら撃ってくるぞ」

亀次郎は、米兵の心理まで読んでいた。真栄田は言う。

「子どもはおかあさんと怖い目に遭《あ》ったら、親の反応見るでしょ。親があわてると子どもも緊張して泣き出してしまう。あのときは、そういう心理状態だった。でも瀬長さんは平然としている。瀬長さんを全面的に信用しているので、落ち着いたんだ」

「琉球の立法院議員の瀬長だ」

真栄田が、亀次郎のことをそう説明すると、米兵は、

「セナガ?　キミ、セナガ?」

と聞き返した。

「あ、名前は知ってるんだな」

真栄田はそう見て取ると、さらに続けた。

「人民党の党首だ。ＯＰＰ。オキナワピープルズパーティーのリーダー、ヘッドだ」

「禁止区域にやってきたお前らは、射殺されたとしても文句は言えないぞ」

米兵がさらに脅してきた。そのとき、排除されていた労働者たちが室内に突入、米兵のピストルの前に立ちふさがった。

「お前らアメリカ人は、沖縄の労働者を殺しに来たのか。さあ、撃つなら撃ってみろ」

亀次郎と真栄田を守ろうと、労働者たちも命がけだった。建物のトタンを外からガンガン叩く者もいた。ついに一枚のトタンがはずれると、その勢いに恐れをなした米兵が亀次郎と真栄田に向けていた銃口はだらりと下に向き、米兵は逃げるようにその場を去っていった。

真栄田が振り返る。

「軍施設に入り込んだら、軍の規律に触れるから捕まるもの。だが、不思議と捕まらなかった。お咎めもなし。大挙して労働者たちが押しかけてきたからだ。そうじゃなかったら、あの小屋で処分されていたと思う」

各地で同じような労働争議が勃発していた。どの現場でも米兵の銃剣の監視があったが、労働者たちは、権利獲得に立ち向かっていった。そして、相次いだ争議は、次第に世論の支持も集める。発議から1年3ヵ月後となる1953年7月に労働基準法、労働組合法、労働関係調整法のいわゆる労働三法が立法院で可決された。しかし、それもつかの間、すかさず米軍が布令を出す。米軍が雇い、基地関連の仕事に従事する労働者には、労働三法は適用しないというのである。

亀次郎が追求していた、労働三法の米軍への適用をまったく不可能にするものだった。

この布令では、米国政府を使用者の定義からはずすことで、被用者は無権利状態に置かれ、ストライキへの参加も禁止された。どんなに権利を追求し、扉を開こうとしても、あらゆる手段で妨げようとする。基地で働く労働者の権利は厳しく制限された。

真栄田は、根底に民族への差別がある、と考えている。

「労働者の差別は民族的な差別だ。当時、序列があった。一番上がアメリカの軍属。次がフィリピン軍属。次にヤマト（日本本土）の軍属。ウチナーンチュ（沖縄出身者）は最低だった。そもそもウチナーンチュを見下してるんだ。沖縄の問題は、労働問題であると同時に民族差別への憤慨《ふんがい》なんだ。日本人のなかのマイノリティとしての扱いに対する反発だ」

そして、その差別の源流はいまも生きていると、真栄田は指摘する。つまり、沖縄の問題は、民主主義の問題なのだと。

“解放者”の本性

那覇市の中心地の「県庁前」という駅からゆいレールに乗って、那覇空港方面に向かうと、右側に自衛隊の敷地が見えてくる。左側に目を移すと、住宅街が広がっているが、かつてはどこまでも荒涼とした米軍基地が広がっていた。

「がじゃんびら公園」とよばれる高台に向かう階段を上りきると、上原源栄《うえはらげんえい》は言った。

「ここら辺は原野ですよ。ああ、あのタンク、あれは昔もありました」

対面の丘の上に立つ、赤と白の模様が入ったタンクは、かつて基地だったころから存在していたという。それ以外は、まったく風景が変わっていた。

原野にはばら線が張り巡らされ、基地内には簡単に立ち入れないようになっていた。1952年からの3年間、上原は米空軍の憲兵隊に通訳として勤務していた。ジープに乗って、一帯を回り警備に当たった。当時20歳の上原は、アメリカへの留学を夢見て、米軍内に職を求めた。何か問題を起こせば、否、起こさなくとも、反米とみなされたら、留学の夢は簡単に消えてしまう。行動には十分すぎるほど気をつけた。

上原と同じように憲兵隊にいた沖縄の人間が突然、持っていた銃を取り上げられ、明日から来なくて良い、と告げられた。上原が解雇の理由を問うと、「彼は人民党員だから」という。

諜報部隊がうごめき、監視の目が光っていた。

亀次郎の演説に出かけただけでも人民党員と断じられる、「監視社会」がそこにはあった。すべては留学のため――。出発の船に乗るまで安心できない日々だった。

「アメリカ」を追いつづけた上原の原点は、沖縄戦にあった。日本軍国主義への反発、その反動で、アメリカの民主主義に猛烈な憧れを抱いていたのだ。

あれほど苦しめられた日本に帰って何があるというのか。アメリカの一員として再出発するのが沖縄の利益だ――上原は当初、沖縄が日本へ復帰することにも反対だった。

戦後５年、復帰への声が高まりつつあった高校生のころ、復帰署名運動があり、糸満町（現・糸満市）のロータリーで署名を求められたが、拒否して家に戻ったこともある。どうしても日本の軍国主義を許すことができなかったのだ。

アメリカへ行けば、あの民主主義の恩恵を受けることができる、という一心だった。

しかし、その信頼、希望が崩れるのに、そう時間はかからなかった。

このころ、米兵住宅では多くの沖縄の人々がハウスボーイ、ハウスメイドとして働いていた。ある日ふたりのハウスボーイが、ある住宅のレクリエーションルームで卓球をした。その後、そのレクリエーションルームから、なくなったモノがあった。

ハウスボーイが盗んだのだ！　住人が通報、憲兵隊がふたりを尋問した。上原はその光景を目の当たりにする。

「壁に手をつかせ、足を後ろに引っ張り少しずつずらしていくんですよ。そうすると、パタッと落ちるでしょ。腹ばいになる。また立たせて、同じ事を続けるんです。それを何回も繰り返す。そして、憲兵が後ろから拳銃を撃つまねをする。それを見ているぼくは、たまらない気持ちになるんです」

ハウスボーイのふたりは、絶対そんなことはしていないと、一貫して容疑を否定した。何度も繰り返される屈辱的な場面。なぜ、こんな目に遭わなければいけないのか。アメリカへの疑問が湧いていた。

尋問が終わると、憲兵はふたりをジープに乗せて、那覇警察署に突き出した。ジープに乗せられる直前、上原の耳元でハウスボーイのひとりがささやいた。

「こいつら、沖縄から追い出しましょうね」

上原には、アメリカがいなくなったら困るという思いと、青年の言葉に共感する複雑な思いがないまぜになった。だが、軍の内部にいる自分に話してくれたことがうれしかった。

こんなこともあった。憲兵隊の事務所に、ひとりの女性が連行されてきた。繁華街から連れてこられたようだ。部屋に入るなりソファーに座り込んで、一言も発しない。何を聞いても答えない。憲兵隊は、病院に連れて行き、医師の診断を受けさせたが、そこでも医師の質問にも答えない。放っておくしかないか……全員が部屋を出て、上原も出ようとしたところに、突然女性が口を開き、

「兄さん」

と上原を呼び止めた。

「戦争に負けたら、こうなるんですかね……」

発した言葉はこれだけだったが、その一言に、女性が米兵に乱暴されたのではないか、と直感した。上原にだけ語りかけたことに、沖縄の人の誇りのようなものを感じた。ただ、病

院内とはいえ、女性を基地に残してきてしまった。上原は、いまもそのことが気がかりでいる。自分にできることは何だったのか、せめて基地の外に連れ出すことはできなかったか――それを思うと、いまも気が重いと上原は言う。しかし、この出来事は、上原にとって、大きな転換点だった。

「米兵は、沖縄を守るためにいるんじゃない。そして、ここでしいたげられている沖縄の人たちが抵抗しているんだ。これに気づいた。たしかに日本の軍国主義はだめ。でもアメリカの民主主義もこんなものなのか。軍隊に民主主義はない」

上原のなかで、沖縄の人々への信頼、闘いへの期待感が大きくなっていた。その抵抗の象徴が人民党であり、瀬長亀次郎であった。

「瀬長さんがあれだけ、大衆の中に入っている。アメリカが恐れるのも当然だった」

1953年に「土地収用令」が公布された。基地建設のため、地主との賃貸契約が不調に終わっても、土地を強制的に取り上げることを可能にするものだ。

銃剣とブルドーザーによる土地の強制接収の根拠となる法令である。

当時のアメリカ大統領・アイゼンハワーは、翌1954年1月、一般教書演説で、

「アメリカが沖縄を軍事基地として無期限に保有する」

と宣言した。これを受け、米軍は軍用地とした土地の地代を一括払いにする方針も決め

た。一回まとめて地代を払えば、その後基地として永久に使用できるという目論見だ。

亀次郎は、「侵略者の本性むき出しの進軍」とアメリカの姿勢を強く非難。同年4月、立法院議員の先頭に立ち、「土地を守る四原則」を打ち出した。

・土地の買い上げ、または永久使用、地代の一括払いは絶対に行わない
・現在使用中の土地について、適正で完全な補償をする。使用料は、住民の合理的な算定に基づく要求額に基づいて決定し、評価及び支払いは1年ごとにする
・米軍による損害は、住民の要求する適正な賠償をする
・不要な土地は開放し、新たな土地の収用は行わない

沖縄の土地を安く手に入れ、恒久的な基地として使いつづける——こんな虫のいい話はない。沖縄は怒りに包まれた。

道路には、「四原則貫徹」と書かれた横断幕がかかり、それは沖縄の人々の合言葉となっていた。

「犯人隠匿幇助」の容疑で逮捕、
連行された

第3章 獄中日記

逮捕、収監

1954年10月6日午後6時半、数台の車両が亀次郎の自宅前に急停止した。

亀次郎の家は、「まちやぐゎー」といって、日用品などを売る小さな商店を営んでいた。

妻のフミが表へ出ると、パトカー3台、アメリカ軍の車が2台、合計5台が停まっていた。

「きましたよー」

フミが家族に声をかける。

「おかあさんたちは別の部屋に移ってください。なんでもありませんから、心配しないで」

落ち着いた表情で家族に語りかける亀次郎だったが、容赦なく逮捕状が示され、連行を求められた。

「おい、君たちは常識はあるのか。店の営業の邪魔になるからパトカーを片付けなさい。おれはまだ顔も洗ってない。飯も食ってない。いま立法院から帰ったばかりだ。洗面し、夕食を取るまで待っておれ」

「いいでしょう」

亀次郎は、落ち着かぬ夕食の時間を過ごした。

「心配してはいけませんよ、私行ってきますから」

家族にそう言い残すと、パトカーに乗った。

連行先の那覇警察署玄関に入ったとたん、カメラのフラッシュが一斉にたかれた。ついに、抵抗の象徴・瀬長亀次郎が逮捕されたのだ。容疑は、米軍の退去命令に従わなかった男を「かくまった」というもの。

実は、10月に入ってから、家の近くでパトカーが何台も待機し、家の中に私服警官が入ってきて、亀次郎の机の中を捜索することもあった。亀次郎はどっかりと腰を下ろして、捜索の様子をじっと見守っていたのだった。

亀次郎逮捕の一報を聞きつけて集まった党員や支持者が、対応を協議した。

当面、抗議集会を開くことでまとまったが、その協議の最中に警察が踏み込んで、議長を務めていた真栄田が逮捕された。また抗議集会を知らせるポスターを電柱や家の壁に貼っていると、即座に逮捕された。警察は、亀次郎逮捕に抗議したり、集会のビラやポスターを持っていたりというだけで、50人以上の人民党関係者を一斉逮捕。現代なら、さしずめ「共謀罪」というところだろうか。

これが、いわゆる人民党事件である。

琉球新報は、亀次郎逮捕の様子をこう伝えている。

〈逮捕がウワサされていた立法院議員瀬長亀次郎氏（四六）＝那覇市楚べ一区＝軍判事ピー

ク少佐の発した逮捕状により六日午後六時半自宅で犯人隠匿幇助《いんとくほうじょ》の疑いで那覇署に捕らえられた。二台のパトロールカーに分乗した警官が自宅に乗りこんだときは丁度夕食後のイコイの一時、差し出された逮捕状にかるく一べつ、反抗もせずに早速服を着替えて連行されたという。……瀬長氏を留置した当日の那覇署は人民党員のテロ行為に備え、報道陣や部外者の出入りを固くとめ、武装警官百余名を動員してただならぬ徹夜の警戒ぶりだった。

一方一家の大黒柱を引き抜かれた人民党では瀬長氏の逮捕に対するレジスタンスとして〝全県民に訴う七日午前九時那覇署前に結集し瀬長氏の即時釈放を要求しよう〟とのビラ、ポスターを作成して瀬長氏救出の手をうったが、仕事の最中警官に踏み込まれて……〉

収容能力を超える数の逮捕者で「那覇署はてんてこ舞いの大騒ぎ」となり、各警察署の応援を要請し、「あわただしいうちに事件処理に大童《おおわらわ》となって」いた。亀次郎が記した日記からも、その情景が浮かんでくる。

〈那覇署のブタ箱（留置場）が、にぎやかになった。労働歌が響き、書記長、おやじ、セナガという歌が入り交って、元気か、頑張って下さいと全くブタばこはごったがえしている。見張りの署員はあせだくになって制止しているがきかない。そのうちに普通の犯罪容疑でぶち込まれた連中が人民党員に和して騒ぎ出し労働歌を歌い始めたので一時全署の建物が動揺しくずれおちやせぬかと思われるほどであった。その間にガチャガチャカギが開けられ、2、3人、或いは3、4人連れて行かれる。歌声が次第に細くなり、いつのまにか消えて行き、統一のとれないがやがや騒ぎだけが残った。同じところにおし（こ）めておくと手におえなくなるので首里署をはじめ各署に分散留置したのである〉

現場の警察にとっては、亀次郎の逮捕は、厄介な出来事だったかもしれない。

狙われた「闘争のシンボル」

裁判は、８日後に始まった。

亀次郎は、日本本土の法曹団に特別弁護を要請、「期待に沿うべく努力する」と返事があったが、米軍の判事はこれを一蹴。弁護人をつけることも認められない異例の裁判となった。亀次郎は、「被告人でありながら、自分を弁護する役割も担った」とのちに振り返っている。

弁護人もつかぬ法廷で、亀次郎は述べた。

「被告人瀬長の口を封ずることはできるかもしれないが、しかし、しいたげられた幾万大衆の口を封ずることはできない。

被告瀬長の耳を閉ざすことはできるが一般大衆の耳を閉ざすことはできない。被告瀬長の眼はくだかれ盲目にされても世界の民衆の眼をくだき盲目にすることはできない。

被告瀬長を投獄することはできても70万県民を閉じ込めることはできない。祖国復帰と土地防衛を通じて、日本の独立と平和をかちとるために捧げた瀬長の生命は大衆の中に生きている。それをほろぼすことはできない。

この軍事裁判が、戦争を恨み、平和のために身命を捧げて闘った瀬長の行動をどう裁くか。幾億の眼が、厳然と看視している。それらを瀬長は信ずる」

起訴内容に対して、アリバイも示したが、結論ありきの裁判に効果はなかった。

亀次郎は、最終弁論のために2時間40分の内容を用意したが、与えられたのは10分だけ。実際、10分が経過したところで打ち切られた。

そして――。

「弁護側を支持する積極的な証拠はごく少ししかなかった。ここでも彼らは起訴事実に対して釈明することをしないで、政治演説を行った」

裁判官はそう前置きして、判決を告げた。

「瀬長亀次郎、法廷は1954年10月6日より起算して懲役2年に処することを宣告する」

判決を伝える当時のニュースは、亀次郎批判に満ちていた。

「自ら弁護に立ち、犯人隠匿の事実は証言に一貫性がない。全犯罪項目とも無罪を確信すると述べたのち、琉球とアメリカ政府にレジスタンスを試みる共産党演説を行いました」

「いかに共産党政治家が卑劣で欺瞞《ぎまん》に満ちているかが明らかにされたのであります」

共産主義とレッテルを貼ることで亀次郎の影響力を排除しようとする占領軍。そして、それをそのまま受け売りするメディア。

罪名は「犯人隠匿幇助」「偽証」「偽証教唆《きょうさ》」。懲役２年の刑が宣告されたが、退去命令に従わなかった「主犯」より、それをかくまったとされた亀次郎のほうが刑が重いという事実も、この事件の実質的な「標的」が誰だったのかを示している。

仲松庸全もこう見ている。

「土地を強奪するのに、一番邪魔になる党を潰しておかないといけないということです。瀬長さんは、県民闘争、県民の闘いのシンボルですから」

労働者の権利獲得、土地闘争、そして日本復帰の主張。常にその先頭に立つ亀次郎と人民党は、アメリカにとって最大の敵となった。

亀次郎は、この裁判を、のちに「暗黒裁判」とよんだ。

煉瓦壁の中で

１９５４年10月21日、懲役２年の判決を受けた亀次郎は沖縄刑務所に収監された。亀次郎本人が、そのときの様子をこう振り返っている。

「もう平らげてしまった夕食の食器を打ち鳴らすもの、掃除用のバケツをたたくもの、ひどいのになると、水がめの中身を抜いて箒の柄でたたき、ひびかないものだから持ち上げて叩き壊すやら、しまいには口笛、万歳、拍手の嵐となり、受刑者の歓迎はあの房からこの房へと広がり、八百人の受刑者が、時ならぬ歓声のるつぼに巻き込まれる始末」

亀次郎は、受刑者に大歓迎されたのだ。

刑務所内で、亀次郎は、克明な日記を書き始めた。収監中、5冊に及んだ「獄中日記」には、刑務所での日常と日本復帰への思いが綴られている。

〈獄中日記を書き始める。だれのためのめあてで書かれるのか、かきおわらないとわからない。

自分自身のことであることだけは、はっきりしている。

それはぼくが書くからである。

3畳敷の房内におこる出来ごとがおもになるので、これが直接大衆の生活の安定や向上の資料とならないことはたしかである。

ところが狭い3畳敷の房、鉄窓と煉瓦かべを透して5尺のからだにしみ込んで来る軍政下の沖縄県民のうめき声が、自分なりに消化されてこの日記にあらわれることもあろう。

全受刑者のうめき声がガンガンひびいて、
ぼくのたましいをたたきおこす場合も予想されよう〉（1954年11月2日の日記）

そのうめき声は、1週間も経たないうちに刑務所を包み込み、亀次郎の魂をたたきおこした。

〈昨夜はとうとう夜を徹した。暴動みたようなのが起こったのである。（中略）

パンパンパンと銃弾の炸裂音がきこえる。

つづいて口笛が鳴り、声が無数にからみ合った悪マのようなひびきが房にコダマして来る。（中略）今度は口笛、バ声、ど声、万才の声が和して二独房に近づきカンヌきをたたき折る音、戸を破砕する音が一緒になって進んで来る〉（１９５４年11月８日）

琉球放送に、暴動の際の音声記録が残っている。暴動発生の一報が入り、急ぎ記者が駆けつけ、録音機をまわしていた。『琉球放送十年誌』によると、「まるでクーデターを思わせるような不隠の空気がみなぎってい」て、「棒切れや石つぶての飛んでくるなかを、囚人のさわぎと威嚇発砲の生々しい実況を収録した」。

「パン」「パン」

銃声が音声記録に残っている。

「これは威嚇のための発砲ではない。犠牲者が出ることも覚悟しておる」

「下がりなさい！」

鎮圧にかかる警察官の声のあと、さらに発砲音が続いた。

１９５４年11月７日夜、受刑者のうち、３４０人が待遇改善を求めて暴れだしていた。怒号、指笛、扉がはじけ飛ぶ音で、所内は騒然、暴れる受刑者はさらに増えていった。

「話し合いをするから代表者を立てろ」

刑務所長が言っても、暴徒と化した受刑者に、どんな説得も通じない。どうしたら暴動を鎮めることができるか。

困り果てた所長が頼ったのは、亀次郎だった。受刑者に人望あつい亀次郎でなければ、この事態を抑えられないと覚悟したのである。

そして、亀次郎の独房に向かった看守は、目を疑った。これだけの騒ぎの中で、亀次郎は悠然と読書をしていたのだ。

亀次郎が当時をこう振り返っている。

「私の房に来て、出てくれんかと。瀬長先生開けましょうかと。読んでいた本は、レ・ミゼラブルだった」

パンを盗んだことで19年もの監獄生活を送ったジャン・ヴァルジャンの生涯を描いた『レ・ミゼラブル』。それが、投獄されて初めて読んだ本だった。亀次郎の胸中に去来したのは、どんな思いだったのか。

ともあれ読書を中断し、独房を出た。

当時、沖縄刑務所で看守を務めていた瑞慶覧長和《ずけらんちょうわ》氏の『米軍占領下の沖縄刑務所事件』には、そのときの所内の雰囲気が再現されている。

「亀さんが来た。おい道をあけろ」

「どけどけ瀬長さんが通るぞ」

受刑者たちは、亀次郎の姿に、歓声と指笛で応える。

刑務所長は、汗をふきながら、

「受刑者の皆さん、騒がないでください。要求があれば何でも聞き入れますから、落ち着いて話してください。私ができることがあれば、何でも聞き入れますから」

受刑者たちは、所長の発言のたびに罵声を浴びせた。所長は、受刑者を説得するよう亀次郎に懇願する。

「所長のあなたの言うことさえ聞かないというのに、わたしの言うことなんて聞きませんよ」

「いやあんたが言うからこそ聞くのです。瀬長さん、ひとつお願いします」

「じゃあ、やってみますか」

しかし、それほど背が高くない亀次郎の姿が、大勢の受刑者にはよく見えない。まずソーメンを入れる木箱を一つ置いて、その上に立った。

まだ見えない。ソーメン箱を３つ重ねた。ようやく見えた。

「私の演説を聴きますか？」

「ああ、大いに聴く！　しゃべってくれ‼」

亀次郎は、こう切り出した。

「しゃべる前にあんたがたに約束してもらいたいことがある。約束してくれなければ、私はやらない。暴力はお互いでも刑務官に対しても、絶対ふるわない、と約束できるか?」

「できる!」

「脱獄した人がいるそうだが、あんたがたからみれば同志だろうが、そのあんたがたが言う同志を、こっちに帰すことはできるか?」

「できる!」

亀次郎の言葉に呼応して、獄を脱走していた受刑者たちは30分もしないうち、多くが戻ってきた。

亀次郎は、こう語りかけた。

「私は、犯人隠匿幇助、偽証の罪をくらわされて、ここにおしこめられた。

皆さんは、布令違反、強盗、殺人、放火、強姦、詐欺その他いろいろな罪名で、それぞれ違った刑期に服していると思う。しかし、ただひとつ共通点がある。それは『受刑者』であり、同じカマの飯をくい、同じ待遇のもとで暮らしているという事実である。

私は17日前まで立法院議員であったが、そんな肩書はここでは通用しない。また、皆さんの中には社会的地位や、財産の多い少ないによって、区別もあったであろうが、そんなものもここでは通用しない。

全員受刑者であって、苦しい生活をしている点において、意志は統一されているはずだ。

したがって、行動も統一されなければならないと思う。

皆さんは暴動を起こすのが目的で、このように総決起しているのではないはずである。

私は、固くそう信じて疑わない。だから脱獄が目的であるはずもない。これまで私の言ったことが、納得できる人は拍手をしてください」

嵐のような拍手だった、と亀次郎は、後になって述べている。

「提案がある。あんたがたの議長を決めろ。村長だ。みんな要求があるはずだ。代表者を各房から出して、要求政策委員会をつくって、団体交渉だ」

所長の話と内容は大差ないのに、亀次郎の言葉は受刑者に届いた。

受刑者側が求めたのは、9つだ。

看守長や看守の個人的テロを廃止
看守長および主任の即時クビきり
テロリスト看守の即時退職
監獄法を守れ
刑期3分の1を経過した受刑者には監獄法に基いて、仮釈放の資格を与えよ
通信の自由と面会の自由を与えよ
人造米のかわりに米麦を規定どおり混ぜて主食を支給せよ

受刑者による食料と炊事の管理

入浴は、法に決められたとおり実施せよ

看守の対応が〝テロリスト〟とまで受刑者に憎まれたのは、リンチ（私的制裁）が横行していたからだろう。

受刑者たちは、リンチの撤廃、裸での身体検査の撤廃、看守の職務態度の改善などを強く要求した。

受刑者たちからは、亀次郎を代表に、という声があがったが、後述するように亀次郎は病身で、胃の状態が良くない。「療養中だから」と固辞するほかなかった。すると受刑者の中から代表に立候補する者が現れた。

当局と衝突を繰り返しながら、ついに要求の7割を認めさせるに至った。交渉の過程では、亀次郎との約束を守らない者も出ていたが、

「男が一度約束したことを守らないというのは恥だ」

と戒める声があがり、受刑者の間に「非暴力」が浸透していった。亀次郎に言わせれば、受刑者の行動は、「暴動」でもなんでもない。

「暴動事件と言うが、暴動ではなく、苛酷な圧政に対する一つの抵抗であり、刑務官の一部の暴行に対する抗議なんだ」

亀次郎が日記に記した〝全受刑者のうめき声〟は、理不尽な権力への抵抗の表れだった。日記には、事件発生５日目の夜に、受刑者を前に行った演説の内容も記されている。

〈人権は、如何なる場合もみとめられなければならぬ、法は官吏も守らなければならぬ。われわれもその通りである。そしてはじめて所内の民主化ははかられる。

しかしボウ動はこの沖縄で行われてはならぬ。行われるとすればそれは日本軍閥のとった玉砕戦術であって全受刑者の利益に反し。県民全体の利益も同時にふみにぢるものである〉（11月11日の日記）

亀次郎は、刑務所内でも「民主化」を目指したのだ。その後、一部の看守らが懲戒免職・依願退職したり、食事の改善、所内の環境改善などの〝成果〟が表われた。

宮古の獄へ

囚われの身となっても、祖国復帰への思いが萎《な》えることはなかった。年が明けて、1955年元日の日記には、こう決意が述べられている。

〈祖国復帰と土地防衛の闘いがより熾烈化する年である。それは、独立と平和への道である。自由と解放の旗である。

祖国復帰と土地闘争の闘いは上部の政治屋やそれに類する三百代言の手をはなれて労働者

農民の同盟を中核とする廣汎な大衆闘争となって現れるだろう。抑圧はますますその度を高めるだろう。それと逆比例にこの闘いは次第に地下へそして極めて頑強な抵抗を呼びおこさずにはい（られ）ないだろう。それはいよいよ苦しくなる縣民大衆の日常の生活と完全にむすびつき基地反対のスローガンを掲げなければならないという本質的闘いへ突き進むだろう。植民地の解放運動のキ道に乗って大股に進軍を開始するだろう。（中略）

一切の平和勢力を統一して民族独立の旗をうち立て守り抜く苦難な闘いを闘いつづける年１９５５年は歩み出したのだ。ほがらかに確信と勇気をもって進むのだ。（中略）

元旦は終ろうとしている。党員と縣民大衆の苦闘にくじけず犠牲者家族の勝利への確信のより強まることを念じて〉

一つ一つの言葉の強さが、際立っている。

自由に動けない歯がゆさの反動なのか、ぎらぎらとした闘志がみなぎっている。

しかし、この決意の言葉を記してからわずか11日後の、1月12日午後3時40分。

亀次郎は、刑務所長室に呼び出された。

そこにいたのは所長ではなく、刑務課長代理ひとりだった。

「所長が急用で不在なので、私が言い渡しますが、きょう4時乗船、5時出港の若葉丸で宮古刑務所に護送することになりました」

乗船まで、わずか20分、出港までも1時間あまりしかない。

「理由は何ですか」

「私もわからないんです」

「じゃ、家はすぐそこだからちょっと車をまわしてくださいますね。５００円ほど金を取りたいから」

「いや、時間がないので後で送ってもらったらいいですよ」

「では房へ帰って私物を取ってくる」

「担当がもう持ってきてるはずだからあんたはすぐ着替えなさい」

とにかく有無を言わせない。新品の上着とズボンを与えられ、逃走を防ぐためか、手には手錠がはめられた状態で、ジープに乗せられた。

ジープには機関銃を持った米軍の警備兵も同乗していた。

10分ほどで泊《とまり》港に到着。米軍のボートに乗せられ、沖に停泊している若葉丸に乗り換える。あっという間に、亀次郎は、船上の人となっていた。

「逃げないから手錠をはずせ！

これから運動しなければいけないんだから。命も惜しい。逃げない」

そう言うと、付き添いの刑務官によって、ようやく手錠がはずされた。

沖縄本島から宮古島は、いまでこそ飛行機で45分ほどの距離だが、このとき、午後5時に泊を出港した船が平良《ひらら》港に着いたのは翌日の午前11時。実に18時間がかかっていた。

手錠のほかにもうひとつ、亀次郎が拒否したものがある。

受刑者が下船するときに好奇の目にさらされないように、などの理由から編み笠があてがわれていたが、

「ぼくはかぶらない」

と断り、海に捨てていた。亀次郎は、「やましいことなどひとつもない」とばかりに、堂々と顔を上げて下船した。

「力の分散だね」

宮古への護送は極秘のはずだったが、平良港には、大勢の島民が待ち受けていた。亀次郎はのちにこう振り返っている。

「大歓迎であるかどうかわからんが、瀬長の男がどんな顔をしているのか、見に来た人でいっぱいだったよ、平良港は」

平良港からジープで5分とかからぬ場所に、宮古刑務所はあった。1955年1月13日、亀次郎は宮古刑務所に収監された。

筆者がかつての宮古刑務所の場所を訪れたのは、2月。

海から吹く冷たい風で、宮古とは思えぬ寒さだった。いまでは、宮古拘置支所の看板がか

かる。港と拘置支所の間には多くの建物が建ち、直接海を望むことはできないが、当時は、さえぎるものもなかったはずだ。

〈本島よさらばだ。あと20ヶ月宮古にいるのか（中略）力の分散だね。理由は、これ以外にない。私を沖縄刑務所においておくと、受刑者が元気づくかと思っているので何をするかわからんから。

第2は、沖縄の外部と連絡を断ち切らないと基地権力を安心して維持できない。宮古へやれば、もう何人ともセッショクさせないですむわけだ〉

移送2日後の日記にこう記した亀次郎の推測は、当たっていた。

米陸軍内のやりとりが記録されている文書に、その理由の一端を垣間みることができる。

1955年1月11日に琉球軍司令官が、神奈川県座間《ざま》にある極東陸軍／第8軍司令官に宛てて発した文書によると、暴動事件は、亀次郎が原因とされていた。

「宮古への移送で、これ以上の刑務所での事件を防ぐことができる」

米占領軍の初代高等弁務官・ムーアものちに琉球放送の取材にこう語っている。

「暴力を起こしたから、宮古に送られた。あそこなら暴動を起こしても大したことない」

米軍は、刑務所事件が起きた11月7日はロシアの革命記念日で、「共産主義者」の亀次郎らがそれにあわせて騒動を起こしたというストーリーを作っていた。実際には、事態を鎮静化する役割を果たした亀次郎を、事件の首謀者と決めつけていたのだ。

亀次郎は宮古刑務所に身柄を移されたあと、判事の調べを受けている。のちに当時の記憶を呼びおこした。

「彼らからいえば暴動事件の経過を聞かれた。全部話した。ところがどうも（彼らのストーリーに）根拠がない。騒擾《そうじょう》罪にすれば死刑か、無期ですからね、首魁《しゅかい》は。そのつもりでやっていたんだな」

つまり、米軍は、受刑者に暴動をそそのかし主導したのは亀次郎、という筋立てを狙っていた、というのである。

様々な理由をつけて亀次郎を隔離した環境に置くことに、米軍の狙いがあった。その背景に、亀次郎を苦しめていた病があったのかもしれない。

宮古刑務所に送られる8日前の1月4日、胃痛に悩まされていた亀次郎は、精密検査を受けた。担当医の當山堅一は、詳細な治療意見書を作成している。

病名。陳旧性十二指腸潰瘍、胃下垂症、移動盲腸、カーン反応陽性。

薬物療法。胃に疼痛がある時、バンサイン錠二錠、ノルモザン四瓦《グラム》以上一日量四回に分服。比較的疼痛が少ない時。ストレマヂン三瓦。以上一日量四回分服　常用薬。珪酸アルミニューム。六瓦一日量三回分服

すゝめたい意見（Recommendation）。陳旧性の十二指腸潰瘍で内服薬では全治するものと

思われず、遊離塩酸も零で胃酸度も低いので試験的開腹をなし若し適応症であれば切除術を施行した方が適当だと思われる。勿論患者の同意を要する。

一般的療法。適度の運動と保温のため事情のゆるす限り下記事項を与へた方がよい。

一）　充分な保温のため毛布支給

二）　出来れば午前一時間、午後一時間の室外散歩

食餌療法。一般的食餌に就いて云ふと主食は粥、カタクリ、胃の具合少し良ければ蒸し返し飯（アチビー）、ソーメン、ウドン、白パン等。副食物としては柔かい料理魚、卵、牛乳、山羊乳等。胃酸度が少ないので脂肪の少ない鳥、牛、豚肉を柔かに煮込んで与へ、胃の具合が悪ければ蛋白質はスープの形で与へる。但し量は多過ぎてはならない。其他豆腐、麩。皮を除いた豆を柔かい煮込んだもの。時に裏漉しした馬鈴薯やいも。人参、大根、百合根、アスパラガス、ホーレン草、冬瓜、南瓜、胡瓜、トマト等を柔かに煮込み与へる。ヘチマ、ヒョータン、ゴーヤーも柔かに煮込めば良い。玉葱、葱、ラッキョー、ヒル、牛蒡、筍、松茸等は禁ずる。果実は酸味が非常に強くなければよい。パイナップル等はいけない。香辛料であるカレイ粉、唐ガラシ、芥子、生姜、胡椒等はいけない。生野菜、硬いサラダ、乾燥果実はいけない。ホワイトソースはよい。栄養価を充すためバターを与へるのはよいがバタ焼のように食品に焼きつかせるのはいけない。糖類、飴類の少量はよいが多量はいけない。酒、ビール等のアルコール飲料、コカコーラ、ラムネ、サイダー等の炭酸飲料はいけな

い。硬い食べ物例へば硬い肉、タコ、イカはいけない。
以上、食餌の一般的な事に就いて書いたが上記の事項を参考にして調理せられたい。（以上）

一九五五年一月十九日
那覇市四区三組　医師　當山堅一

かなり事細かなアドバイスが綴られている。意見書の日付は、亀次郎が宮古に送られた6日後だが、この治療意見書が亀次郎本人はもちろん宮古刑務所にも伝えられることはなかった。米軍によって放置されていたのである。

宮古に移ってからの亀次郎の日記には、他の受刑者はいっさい登場しなくなる。登場するのは鼠だけだ。壁が壊れている部分から、鼠が房に入り込んでいた。

〈ネズミ君あたりでも来て貰わんと一人では淋しいからな〉

さらに、鼠に語りかける。

〈残飯があったら残して一定の場所においておくから、その代わり睡眠中蚊帳をあげたり、手や耳をかじったりすることだけは遠慮してくれ〉（1955年1月15日の日記）

鼠と会話する、孤独な拘禁生活だった。

独習と斗病

下獄から1ヵ月、亀次郎はこう信念を記していた。

〈苦しい時はよく方向を見失う。突然くらがりに投げ込まれるとその瞬間何物も見えないようになるがしばらくじいと腰を据えておれば次第に心眼は開かれ必ず突破口を見つけることが出来る〉（1954年11月21日の日記）

2ヵ月後には、こんな決心に至っている。

〈〝独習と斗病〟これを徹底させる。そのことのみが現在自分のおかれた環境を正しく大衆のために生かす道である。あわてず、ゆるがず、勝利の確信にみちて、単調なコーキン生活の鎖にたえて行くことだ〉（1955年1月21日の日記）

日記とは別に獄中でつづった「学習ノート」がある。

「メモ」とタイトルがつけられたノートには、「領土問題」と「資本論」がびっちり書きこまれていた。表表紙には、シンプルに「メモ」とだけ書かれ、裏表紙の内側にだけ、ごく薄く「capital」の文字があった。看守に気づかれないように細心の注意を払ってマルクスの資本論の勉強を続けていたことが窺《うかが》える。

なぜ恐慌が起き、労働者は貧困にあえぐのか。マルクスの疑問は、そのまま亀次郎の疑問でもあった。沖縄にも貧困にあえぐ労働者が大勢いる。それを亀次郎は憂うのであった。

「独立なければ平和なし」という一文も残している。

一方、当局側は、他との接触をさせないように努めたふしがある。あの暴動の再来だけは避けたいということだったのか。体調が悪いことを知りながら放置し、そのまま命を落とすことを狙っていたのではないか……家族はいまもそんな思いを拭《ぬぐ》いきれないでいる。

亀次郎は、医師に圧力がかかっていると感じていた。前述したように治療意見書は無視され、診断書も届かない状態が続いていた。ようやく診断書が届いたのは、宮古に移されてから半年以上が過ぎたあとだった。亀次郎はこう推測していた。

「アメリカとしては、長期にわたって（放置すれば）、お陀仏になる。だから、診断書は遅かった」

宮古刑務所の福嶺《ふくみね》紀仁嘱託医は、亀次郎に早く手術を受けさせるべきと考えていたが、米軍の妨害のためか、事態は遅々として進まなかった。

福嶺医師は、十二指腸潰瘍、胃下垂症という病名と、手術の必要性が書かれた當山医師の診断書を那覇から取り寄せることに奔走した。

「医師の良心にしたがって、圧力を跳ね返して、書いてくれた」

亀次郎はこう言って後々まで感謝している。

診断書によって米軍は開腹手術を許可せざるをえなくなり、亀次郎はようやく那覇に戻された。アメリカ側は、米軍病院で手術を受けさせようとしたが、亀次郎は「受刑者でも医師を選ぶ権利はある」と言って拒否する。

そして、半年振りに戻った沖縄刑務所で、亀次郎は長浜《ながはま》真徳《しんとく》博士に身体を委ねた。

長浜が、県立二中の後輩にあたり、さらに亀次郎が放校処分となった鹿児島の旧制七高にも在籍していたことがわかり、二人の間で話が弾んだ。

約2週間後、亀次郎は、中部の町コザ（現・沖縄市）にあったコザ中央病院に入院する。

手術は8月11日、長浜の執刀で行われた。

「私は、瀬長さんを囚人としてではなく、僕の患者としてみている」

そう断言した長浜の勇気と責任感に強い感銘を受けたと、亀次郎は日記に記している。

一方の長浜も、相当の緊張を強いられていた。

いつ手術をするのか、2回目はあるのか――不審な人物がコザ中央病院を訪れ、何度も執《しつ》拗《よう》に尋ねた。不穏な空気を感じ取った長浜は、手術の最中に人為的な停電さえあり得ると警戒し、予備のバッテリーを用意していたくらいだ。

それは杞憂に終わらなかった。手術当日、本当に停電は起こったのだ。

病院には、輸血用の血液の確保が必要という情報を聞きつけた多くの支持者が採血に訪れていた。それを聞いた亀次郎は、

〝一日も早く健康を元通りにして大衆の中へ帰れるよう努力しなければならぬ。大衆は待っ

ている。たたかいながら〃
と意を強くした。
病院のまわりでは、常時、陸軍の諜報部隊が監視していて、支援者の中には採血の帰りに追いかけられたり、CIC（米陸軍対敵諜報隊）の本部に連行され、裸にされて写真を撮られたり、拷問《ごうもん》を受け「この写真を両親に送る」と脅迫されたりする事件も起きていた。
その後、亀次郎と激しく対峙することになった、米占領軍トップのムーア元高等弁務官は、のちに、亀次郎の手術について、こう語っている。

入院中の亀次郎を支えた長浜医師（右上）と、看護師たち

「入院させて、アメリカの血を使って、手術したので、アメリカの血が私の血脈に入った、と彼（亀次郎）はいつも言っていたんだ。ある人は、私が彼を入院させて全快させたのは、大きなミステイクだと。後で考えると、そういう点はあったかもしれないな」

亀次郎は強く反論する。

「アメリカの血をもらって生き返ったのに抵抗してるなんて、言ってるようだけど、あれ嘘です。弁務官の言うように、アメリカの血液で生き返ったわけではない。血液は、沖縄県民の血である。闘う決意は、なお固くなった」

入院先のコザ中央病院があった場所はマンションの建設地となっていて、当時を思い起こさせるものは何も残っていない。当時、病院のまわりには中央病院付属の看護学校やその学生寮が建ち並んでいた。

寮に住む看護学生たちは、実習が終わると大挙して亀次郎の病室に集まった。病室に入ることは固く禁じられていたが、彼女たちはおかまいなしだった。

当時の学生の一人、前原秀子は、

「実習外に自主的に行くんだから、といって。もう止めようにも止められない。学生が自由時間に行くんだからって」

と笑う。

亀次郎はいつも笑顔で、病室のベッドにいた。

「みんなで取り囲んで。瀬長さんは、面白い話をしてくれるんです。とっても好かれていましたよ。もう、本当にみんな瀬長さん大好きって。瀬長さん、人当たりはとってもいい」

亀次郎も日記にこう綴っている。

〈あちこちの病棟の看ゴ婦学校の生徒さん達が晩のひまを見てマッサージに来てくれる。上下を一時間ももんでくれるので最近よくねるようになった〉（8月26日の日記）

学生との交流が、囚人・亀次郎にとって貴重な息抜きの時間になっていた。

銃剣とブルドーザーに奪われた土地

亀次郎の手術の前後、つらい出来事が相次いでいた。入院した日には、新たな基地拡大の知らせが舞い込んでいる。

那覇から国道58号線を車で北上すると、基地のフェンスが左右に連なり、フェンスとフェンスの間を通っている感覚になる。沖縄の中に基地があるのか、基地の中に沖縄があるのか、と言われるゆえんだ。およそ30分走ると伊佐浜という表示の信号に到達する。その右一帯は広大な米軍基地となっているが、ここはかつて、美しい田園風景が広がる場所だった。米軍の銃剣とブルドーザーは、そんな風景を住民たちの家屋もろとも押しつぶしていった。

野嵩高校（現・普天間高校）の教師だった前原穂積《ほづみ》は、土地の接収が始まるという情報が入り、生徒たちが立ち上がった日のことをいまも忘れることができない。

1955年7月18日。

「現場へ急ごう！」

何人かの生徒がそう言って、現場へと向かった。「トラブルが起きてはまずい」と考えた

前原は、

「連れ戻しますから」

と校長に告げ、学校を飛び出した。現場には、多数の住民が座り込んでいた。

この1週間前、米軍は、「伊佐浜水田地帯の建物、農作物を7月18日までに撤去せよ」と一方的に通告していた。

突然立ち退けと言われても、ほかに代わる田畑もないし、生活できる土地もない。ここに至るまでも那覇の銘苅《めかる》や伊江島《いえじま》でも強引な土地の収用が行われており、伊佐浜でも同じことになるのは時間の問題だった。

伊佐浜の最初の攻防は、その年の3月。『沖縄人民党の歴史』には、こんな記録がある。

〈伊佐浜では、三月十一日午前八時頃、アメリカ軍のクレーンが稲の植え付けもすんだ水田に入りこみ、水田をほりはじめたため、非常鐘で百数十人の住民が工事現場におしかけ、クレーンの前に坐りこんだ。すると、五〇余人の武装米兵が車でかけつけ、銃剣をかまえてすわりこむ住民につきつけ、それでも動かない住民を銃尾床でめった打ちにし、たたきだした。たたかれてころんだものは足でけとばして田んぼに押しころがし、子どもの手と足を二人でつかまえて田んぼの泥の中に投げこむなど、野蛮のかぎりをつくした。すわりこんでいた七二歳の伊波興一は、米兵の銃尾床でめった打ちされて足腰がたたなくなり、気絶した〉

それから4ヵ月以上が経ったこの日も、伊佐浜の住民たちは、「自ら立ち退いては米軍の暴挙を認め、土地を差し出すことになる」と、座り込んで抵抗していた。

前原は言う。

「大多数の住民は、反米ではないんですよ。ただ愛着ある自分たちの土地や家を守るというだけなんです」

そんな住民らが完全武装した米兵とにらみ合う。気がつくと前原は、その最前線に立っていた。

周辺道路にも軍用車が走り回り、偵察のヘリコプターが上空を飛び交う。

やがて、日は暮れ、あたりは暗くなった。住民たちが引き上げるなど、警戒が緩んだその間隙を衝《つ》かれた。

ゴゴゴゴゴゴ……1955年7月19日午前3時ごろ、重機の起動音が、夜の静けさを破った。ブルドーザーが一気に家屋を踏み潰し、水田を荒らしていく。

「朝起きたら、(有刺鉄線が)張り巡らされていた。こっちが寝ている間にやられたんだ」

前原は苦笑する。急を知らせる半鐘が響き、作業を止めさせようと住民らが押しかけたが、銃剣をかまえる武装兵の前になすすべがない。

伊佐浜の風景は、一夜にして一変した。ブルドーザーを運転していたのは、米軍に雇われた沖縄の人々。ブルドーザーで何をするのかはぎりぎりまで知らされていなかった。

その場で呆然と立ちすくむ前原に、近づく人物がいた。前原は、住民を扇動した容疑でM

Ｐ（軍警察）に身柄を拘束され、ついには逮捕されてしまった。

拷問こそ受けなかったものの、尋問は丸2日間に及んだ。

これを境に、前原のその後の人生は大きく変わることになる。勤務先の高校に、辞表を出さざるを得なくなったうえ、米軍基地に勤めていた妹まで職を奪われる結果となった。

「ターブックワといって、田んぼが良く実るところ。伊佐のターブックワは有名だった。米が良くできる。生命の糧ですよ」

前原は、みどり豊かな風景を思い出すように口にし、すぐ表情を変えた。

「座り込んでいる住民を排除する為に銃剣を突きつける。威嚇する。そして、貧弱な木材建ての家を、簡単にどんどん壊していく」

この伊佐浜の土地接収は、前年の4月、米軍が「夏が近づくと蚊が発生して流行性脳炎がはやるから、二期米の植え付けを禁止する」と通告したことに始まった。

それでも「生命の糧」を作り続けていた住民は、その後「流行性脳炎の予防」が米軍の詭《き》弁《べん》だったことに気付く。

「ターブックワ」は、軍用地として狙われていたのだ。米軍は、住民を欺くことで土地を奪おうとしていた。

米軍によって奪われた土地は13万坪にも及ぶ。沖縄戦から立ち直ろうとする住民たちの暮らしは、またも軍隊によって奪われていった。

「由美子ちゃん事件」の衝撃

亀次郎は、病室で接収の事実を知った。

〈イサ浜部落の土地の収奪は身を切られるおもいがする。伊サ部落民や伊江島真謝部落民の地獄の苦しみを思い想到するなどで、ほとんど一睡もしなかった〉（7月20日の日記）

日記にはそう書いている。

同じ年の9月、衝撃的な事件が起きる。わずか6歳の女の子が、米兵に誘拐され、乱暴されたうえ惨殺されたのだ。

石川市（現・うるま市）に住む永山由美子ちゃんは、エイサーを見に行くといって一人で出かけ、事件に遭った。

由美子ちゃんの遺体は、嘉手納海岸近くのゴミ捨て場で見つかった。

事件を伝える1955年9月4日付の沖縄タイムスはこう書いている。

〈嘉手納海岸近くの部隊塵捨場に身元不明の少女が暴行を受け、殺されているのが発見された。4日朝8時15分ごろ、嘉手納村旧兼久部落俗称カラシ浜の部隊塵捨場近くの原野で、8才から10才位と思われる少女の死体が、あお向けになったまま捨てられてあるのを警ら中の米兵2名が発見、MP隊を通じ嘉手納派出所へ訴出た。直ちに与儀署長以下司法署員20名と軍捜査隊が現場検証を行ったところ、少女は暴行を受けた形跡がありシミーズは左腕のところまで垂れ下がり、口をかみしめたまま死んでいた。夜明け方降ったしゅう雨に死体はズブ濡れ、オカッパの髪は砂がところどころについており、死体の下にはチリ紙と印刷された用紙が濡れたまま捨てられていた〉

これが、いわゆる由美子ちゃん事件だ。

犯行に使われたとみられる車の目撃証言が決め手となって、事件発生から3日後、米軍第二十二高射砲隊に所属するハート軍曹が逮捕された。

軍曹の車の後部座席には血痕が付着し、卑劣で残忍な犯行を想像させた。

沖縄タイムス（9月7日付）は、由美子ちゃんの父の言葉を伝えている。

「体力で、だめなら精神力でも相手を思い知らしめたい。片手に草をかきむしって苦しんで事切れたあの子以上の苦痛を与えたい。死刑以上の刑があれば、それを望む。

世の人達は、こういう私をさしずめ、あさましい者と笑うかも知れない。しかし、二目と見られぬほど変り果てた子の姿をみせつけられた親の悲しみと憤激は、味ったものでなければ判るものではない。あの日以来、あの子の写真を抱きしめ、あの子の体臭にまみれた汚物にさえ愛着を抱く私達の身にもなってくれ。これで幾分気は軽くなったとはいえ悲しみが消えたというのではない」

人民党で亀次郎を支えた仲松庸全は、当時、「子どもを守る会」の初代事務局長を務めていた。無辜《むこ》の少女が犠牲となったことに、語気を強める。

「唇をかんで草をにぎりしめて死んでいる幼い女の子を思うと、いまでも怒りの涙がこぼれそうな感じがするんですよ。ハート軍曹（犯人）は死刑の判決が出て、米国に帰されたが、米国でどうなったか誰も知らされていない」

殺人を犯しながら、どう罪を償ったかもわからない。これが、米兵犯罪の結末だった。


この事件で、由美子ちゃんの司法解剖を担当したのが、亀次郎の手術をした長浜だった。そのため、亀次郎は残忍な犯行の態様を詳しく報告されていた。

それだけではない。長浜は、「証言の翻訳内容を歪曲《わいきょく》したものに捺印させられそうになった」と亀次郎に話したという。

亀次郎は日記に怒りをぶつけた。

〈由美子ちゃん事件は八十万県民の腹わたをにえくりかえさせた。政党の如何をとわず、政策、信仰、性別、老幼を問わずのりこえて県民は立ち上った。はらの底からのいかりである。鬼畜におとる米兵の行動に対する民族の総抵抗の様が地ひびきを立ててくっきりとうかび出て来た感じである。（中略）

行動の目標即ち県民総ぐるみの斗いを組む以外に県民を解放することは出来ないということを一瞬たりとも忘れてはならない。（中略）団結をかためよう。三度叫ぶ。一切の利己心

を棄てよ！〉

しかし、占領の現実は、とどまるところを知らない。

由美子ちゃん事件から1週間、衝撃も収まらないうちに、またも米兵によって幼い女の子が暴行を受ける事件が起きた。

具志川村《ぐしかわ》（現・うるま市）の民家に深夜、米兵が侵入。一家の主の男性は妻と長女を逃がし、隣人の応援を求めるため家を離れたが、米兵はそのわずかな隙に、寝ていた小学校2年の次女を拉致して暴行、重傷を負わせた。

「人間のすることではない、気が狂いそうだ」

被害者の父は苦しみを吐露した。

さらに、越来村《ごえく》（現・沖縄市）の女子ホームに黒人兵3人が侵入を試み、騒がれて逃走した。幸い被害者はおらず、事なきを得たが、相次ぐ米兵による事件は、住民に計り知れない恐怖をもたらした。

ジレンマの中で

このころの亀次郎の姿を、間近に見ていた「権力側」の人間がいる。那覇警察署員の上原徹である。

多数の沖縄の人たちが犠牲になった沖縄戦で、上原は少年警察官として、本土から赴任していた戦中最後の県知事・島田叡《あきら》の身辺警護にあたっていた。国に命を捧げることのみを求められる時代、島田は「生きる」ことの大切さを説いた。

島田とともにいた壕を任務のために離れることになった上原は、別れの挨拶を交わしたあと、島田から当時貴重な黒砂糖を渡され、

「体を大事にしなさい」

と言葉をかけられた。「生きろ」というメッセージである。その後の人生では、常にその言葉を意識しながら日々を送ってきた。

戦後は、再び警察官となる。「戦前に警察にいた者」に召集がかかり、「琉球住民のための警察官になれ」と米軍に教育された。しかし、実際の任務は、アメリカの政策に批判的な主張をする人物を監視することだった。上原はある日、選挙演説での情報収集を命じられる。亀次郎の出身地・豊見城《とみぐすく》村で行われた、人民党候補の選挙演説。上原は聴衆に紛れ込んだ。

木に隠れて、懐中電灯をハンカチで隠して必死にメモを取った。周囲にわからないように努めたが、人民党の支持者に正体を見破られてしまう。

石を投げられたり、水をかけられたりして、必死の偵察となった。

それでも、演説内容にはことさら問題があるようには感じなかった。

実は上原は、収監中の亀次郎が那覇警察署と刑務所を往復する際、その護送に付き添ったことがある。

ジープの後部座席に亀次郎を乗せ、同僚が運転し、自身は助手席に座る。そのとき、気軽に会話する同僚と亀次郎に驚いた。

「おい、そんな軽々しく話をしていいのか……」

そうたしなめてみたが、一向に意に介さない。

いつもにこにこして笑顔を絶やさない亀次郎は、「恐ろしい共産主義者」というイメージとはかけ離れていた。

「私たちも護送している、という気持ちではなかった。手錠もはめていない。人民党の大物だが、しかし、接してみるとそういうものを微塵《みじん》も感じさせない」

上原は、当時の自分自身を、あるジレンマの中にいたと振り返る。

遂行しなければならない任務と、これでいいのか、という米軍による占領の実態への疑問。そのジレンマの中で、次第に心境が変わっていくのを感じていた。

囚人番号７００番

長浜博士による手術、監視下での療養など、７ヵ月の入院生活を経て、亀次郎は１９５６

年2月27日、獄中へ戻った。

〈思えば長い病院生活であった、7ヶ月と6日になる。長浜博士の勇気と科学者としての冷静な行動には感謝と賞賛をおしまない。彼でなければCICなど外部の圧力に抗して商売にもならない治療をつづけてはいけなかった。

彼と僕との闘病関係で固く結ばれたきずなは、永久に切れないであろう。〝釈放までこちらにいて貰いたいのであるが、それも出来んが一つしっかりやって下さい、援助はおしみませんから〟と短い言葉ではあったが腹の底から言ってくれた〉

退院を前に、改めて決意を新たにした。

〈7ヵ月余の治療費がいくらかかったか知らないがこれは全額県民の血税である。僕のからだには同志たちの血と同様県民80万の血税が注入された。物的注入だけでなく全県民の精神的支援も又大きい。一日も早く県民大衆により以上の勇気をもって服務しなければならないことを痛感する〉

沖縄刑務所に戻ったのは、13ヵ月半ぶりだった。

翌朝。6時半に起床後の冷水摩擦、その後に点検があった。自分の囚人番号がわからない亀次郎が黙っていると、部長職にある山城という幹部刑務官が、

「点検を知らんか！」

と怒鳴った。受刑者に対する職員の対応は相変わらずだった。

「知っておればなぜ番号をとなえない？」

「知らんからだ。私にいつ番号をくれた」

「教えてやろう。７００番だ」

「７００番」

「点検には頭を下げて、礼をするものだ」

しかたなく頭を下げる亀次郎。

山城は満足した様子だったが、これで引き下がる亀次郎ではない。

「こら待て。受刑者に頭を下げさせて、一方的に礼をさせるのか。答礼はせんでもいいのか？」

山城は、亀次郎の詰問にしどろもどろになった。

「きみも頭を下げるか、挙手をするか、いずれにしろ答礼が必要だね。朝の挨拶だろうから」

出所の日が近づくと、亀次郎は義歯の入れ替えのため市内の歯科医へ頻繁に出かけるようになる。歯科医院の前がバス乗り場のため、護送車を横付けすることができず、近くの市場の入り口で降車し5分ほど歩いた。

亀次郎の顔を見つけ、立ち止まる人、頭を下げて挨拶する人、追いかける人もいた。「セナガ、セナガ」と声が段々大きくなり、万歳する人も出た。

しばらく表舞台から姿を消していても、亀次郎の人気と存在感は抜群だ。「この調子だと、満期出獄の場合は大変なことになる」——亀次郎自身、そう感じていた。

市民の熱狂は始まっていた。


そうしたなかで、亀次郎にとって、闘いの原点と言える日を迎えていた。琉球政府の創立記念日である4月1日である。創立記念式典で、占領軍への宣誓と、起立を拒否した日から、4年が経っていた。米軍が沖縄本島に上陸した日からちょうど11年でもある。

〈この日はアメリカ侵入軍が沖縄にふみこんだ日である。即ち侵略記念の忘るべからざる屈辱の日である。この日を長く記念するため永久統治の基礎として彼らはカイライ琉球政府をデッチ上げ創立記念日にしたのである。5月27日は琉米記念日としているが、この日は100年前同じく侵略軍の総帥ペルリが日本侵略の前線基地として沖縄を測量するため泊港に錨を下ろした日である。彼らは琉球王が面会を拒否したところ大砲2門を引きずって首里城へおしかけ武力をもって面会を強要し一方測量隊を派遣して沖縄本島の重要部分の測量を綿密に行っている。まさに計画的な侵略者の意図は永く記念されるべきであろうし、民族の団結の力はこの屈辱の日を栄光の記念日にかえる道を切り開くだろう。われわれはそれの聖戦に参加し民族の独立のために全日本民族の意志と行動を統一しなければならない〉

４月１日に特別な思いがある亀次郎は、この前年の４月１日の日記にこう書いている。〈きょうは３年前琉球政府をつくり上げ主席を上から任命した正に忘れてはならぬ日である。一日も早く祖国に復キし沖縄縣知事をセンキョし、琉球政府ではなしに沖縄縣庁を組織しなければならない、衆参両院議員をセンキョし堂々と日本国民として国政に参加し奪いとられた民族の独立と自由を国民自らの手にとりかえさなければならない〉

沖縄が占領下にあった27年間、この国に「沖縄県」は存在しなかった。

しかし、亀次郎は日記を書くときも発言する際も、必ず「沖縄県」と言い、「県民」と表現した。「日本人」であり「沖縄県民」であることは亀次郎にとって、絶対に譲ることの出来ない礎だった。

その後の著書にも、〈「琉球政府」といい、「琉球人」という言葉はワシントン政府が沖縄統治の必要から、つくり出したよび名にすぎない〉〈沖縄県人からきれいさっぱりと「琉球人」というよび名をぬぐい去って、名実ともに「日本国民」として生きる道をみつけ出すようにしなければ、百の人権宣言も空念仏に終わってしまう〉という記述がある。

便宜主義とけつ別せよ

出獄3日前。

刑務所の主任が亀次郎の房に足を運び、こう告げた。

「どんなことでも結構ですから、獄中感想記といった風なものを書いてくださいませんか。いいこと、悪いこと、改善すべきことなどわれわれの参考にします。森根所長にも上げることになっているので率直にそれこそなんでもいいから書いてもらいたい」

「……いいでしょう」

亀次郎は主任の求めに応じ、用紙10枚に「感想記」をまとめている。

この「感想記」を当局へ渡す前に、亀次郎はそれをそのままノートに書き写している。その量は、大学ノート27ページ分にも及んだ。

「便宜主義とけつ別せよ――沖縄の行刑について――」と名付けられたこの意見書では、収監された直後に起きた、例の「暴動事件」をきっかけにして、良くなった点、改善すべきことなどがまとめられている。

文中で亀次郎は、決して「暴動」という言葉を使わない。事件は、「暴動」ではなく、受刑者の「抵抗」をあらわしたのだ、として「実力斗争事件」と表記した。

たとえば、事件以後、受刑者からの要求がどれほど実現したのか。

良くなった点として、以下の4点を挙げている。

・個人的テロリズムが一掃されたこと
・食物が非常によくなっていること
・戸外運動が毎日定時間、定刻に行われていること、入浴は不定期ではあるが週1回あることなど確かに改善努力のあとけん著である
・その他房内の備品什器類もややそろい、日用品の支給もカツカツではあるがおこなわれている

〈基本的人権の蹂躙はそれをふみにじってデンとして恥じることを知らない一部米軍の野蛮行為に見ならい、子は親に従うとかいう悪弊の残滓だったのではないかと思われるが、人間として生きる基本的人権は獄中でも尊重されるべきは言をまたない〉

一方、「ただちに実施して貰いたいこと」として、

・累進処遇令の実施
・仮出獄の資格審査は公平妥当に行われるべきこと

などを挙げ、さらに、考慮してもらいたい事項として、

・職員が組織運営している「互助会」の性格と会計を明確にすること
・受刑者の喫煙の合法化

を指摘した。毎月の給料から天引きされている互助会費の行方が定かでない、という刑務所職員の不満を耳にし、その待遇も慮《おもんぱか》った。

あらゆる面での民主化を目指す、人間・亀次郎の姿が見えてくる。

出獄の日

逮捕から1年半が経った1956年4月9日。

ようやくその日がやって来た。

9時15分、刑務所の門が開くと同時に、どんよりとした曇天を破る大歓声が起きた。亀次郎の帰りを待つ人々が通りを埋め尽くしていた。

「平和への哲人」

「出獄万歳」

「民族の父瀬長亀次郎歓迎」

などの横断幕、プラカードの数々が亀次郎の目に飛び込んできた。

出獄の日。多くの人が出迎え、
さながら凱旋パレードのようになった

駆けつけた人たちと亀次郎が「ばんざーい！」「万歳」とくりかえした。

亀次郎が着ていた、白いスーツとネクタイは、妻・フミが持参したものだ。

「みなさん、お出迎えありがとうございました。2年間このレンガ塀の中に押し込められていましたが、きょうようやく出所しました。今晩7時から県民のみなさまにご挨拶することになっています。祖国復帰のために今後とも闘いぬく決意に変わりないことをお伝えします」

そう出獄後の第一声をあげた。

「出獄のときの写真を見ると、看守、警官もみんな笑顔で送りだしているんですよ」

亀次郎の次女・千尋は言う。確かに、亀次郎に視線を送るすべての警官、刑務所の関係者の顔がほころんでいるように見える。

笑顔と大歓声に包まれ出獄した亀次郎は、そのまま、隣にある自宅へ向かった。通りには花道をつくるようにずらりと人々が待ち受けていた。

「私について歩くと行進になるから動かないでください。僕が動きますから」

当時、50人以上が行進するには届け出が必要で、亀次郎は迎えの人たちの熱狂をそう言ってなだめた。その夜開かれた「瀬長亀次郎歓迎大会」には、目を輝かせた市民1万人以上が集まった。

これに先立つ記者会見で、亀次郎は、やはり祖国復帰を強調している。

「私が投獄された、唯一の理由は、祖国復帰運動を徹底的にやったことにある。しかし、私はどこまでも県民のみなさんとともに祖国復帰のためにやっていく決意を固めている。働く全県民のスローガンは民族の完全独立であり、これは沖縄の祖国復帰と結びついていることはいうまでもない。

もし祖国復帰を叫ぶことをやめて基地権力者に迎合するならば、自己栄達の道が開けるかもしれない。また、これ以上祖国復帰を叫ぶならば、再び監獄に入れられるかもしれないが、私は後者の道を選ぶ。投獄もいとわない気持ちである」

次女・千尋は言う。

「アメリカの失敗はね、亀次郎を投獄したことだと思うんです。投獄すれば屈すると思っていたと思うんです。でもますますヒーローになって帰ってきた。出獄のときは、亀次郎が無事に出てきたことが驚きだった。みんな殺されると思っていたらしいんですよ。それに獄中死してもおかしくないような病気もしていたし、奇跡的に回復した。投獄したほうも、獄死してもいいくらいの気持ちで投獄していると思うので、そういう人が無事に出てきたのは、みなさん勇気が出たって言うんですね。亀次郎でもこうやって無事に生きて帰ってこられる。どんなに弾圧されてもがんばろうと、出獄がみんなに勇気を与えたんですよ」

米軍の目論見は外れた。1年半の獄中生活によって、亀次郎の影響力は削《そ》がれるどころか、むしろ、強くなり、存在感はより大きくなった。

前出の仲松によると、当時、こんな合言葉があったという。

「瀬長は塩漬けにしても生きていなければならない」

そんな亀次郎の演説会を妨害しようと、米軍はあの手この手を繰り出した。アンプルに悪臭を詰め、ばらまくこともした。踏み潰せば、悪臭が充満する。集まった人たちは、たまりかねて帰宅するだろうというのだ。

「そんなばかげたことをアメリカはやっていたんだ」

仲松は、あきれ顔で語った。

「セナガ・ファイル」

那覇市の隣、南風原町《はえばるちょう》に赤瓦のひときわ目立つ「沖縄県公文書館」がある。ここには、沖縄戦はもちろん、戦後の占領時代などに関する一級資料が保管されている。

その中に、米軍が徹底的に亀次郎の行動などを分析した機密文書がある。その名も「瀬長亀次郎ファイル」だ。

亀次郎を「琉球諸島の共産主義のリーダー」と決めつけ、亀次郎の両親以下、家族構成も調べ上げている。亀次郎をマークするきっかけとなった、あの宣誓拒否について亀次郎自身が述べている演説のメモもある。

さらに、上京した亀次郎を徹底的に尾行した記録。誰とどこで会い、何時に宿泊先のホテルに戻り、また何時の列車で地方に向かったか。亀次郎本人が付けていた日記と照合すると、ことごとく符合する。米軍の調査は徹底していた。

亀次郎を訴追できる材料はないか、常に監視の目を光らせていたのだ。一方の亀次郎も尾行に気付いていていた。

ファイルには、娘から来た手紙のコピーも含まれていた。亀次郎が宮古刑務所に収監されている1955年3月23日夜に、長女・瞳がしたためた手紙である。

のちに次女・千尋が調べたところ、亀次郎には届いていなかったことがわかった。

警察や米軍が検閲してそのまま没収し、その後、米・ワシントンの国立公文書館に保管されていたものだ。手紙を届けなかった理由を記した宮古地区警察の文書もあわせて見付かった。

「手紙の内容に過激な点があります」

高校生の娘が父に宛てた手紙の、どこが過激なのか。

〈お父さん、三月六日付手紙二十三日受取りました。学校が九時に終り寮に帰ったのが十時過ぎだったのでしたが、お父さんのお手紙を読み洋服も脱がず又お風呂に行こうと思っていましたが、もうよしました。お返事を書くことにします。（中略）お父さん、瞳はこれまで何度も手紙を出しました。しかし、お父さんに瞳の考え方が正しいとほめられたことは、今度が初めてです。お父さん、瞳はお手紙を読み、又この返事を書く事で胸がいっぱいです。こみ上げてくる涙をとめる事が出来ません〉

亀次郎は、この前の手紙で娘の成長をほめていた。

〈日に日に成長し行くわが子の姿に接し、心強くも愉快なことこの上なしです。そして、腹の底から勇気が蘇ってくるようです。

瞳ちゃんがすくすく伸びていく姿は、とりも直さず独立と解放の苦難な道を切り開いて進む祖国幾百万の若人たちのそのままの巨大な姿です。（中略）大衆に奉仕することの中に生甲斐を求め、はちきれるような情熱と利発さと燃えるが如き情熱をもって前進を続けている瞳ちゃんが遂に理解に達した父への愛情の問題、それは正しいと思います〉

この父の言葉に、瞳はいてもたってもいられず、着替えも風呂もやめてペンを取った。

〈お父さん、瞳の今度の月給はほとんど本代に充てる事に致しました。小遣いに使うよりも最も価値があると思っています。お父さん、勉強して沢山本をお読みになるという事は、お父さん一人の為ばかりでなく、苦しめ、いじめられている全沖縄県民の為であり、又、全世界の平和を願う人民の為です。瞳が解放される道もそこにあると思っているからです。その代わり瞳も絶対お父さんに負けないように勉強します。（中略）

新しいニュースをお知らせ致します。パンフを同封致しました様に来る四月に印度で開かれるアジア諸国会議に沖縄代表を派遣するとの事が決定しました訳ですが、しかし一人派遣するために四〇万（日本円）かかるのです。その為に今カンパ運動が行なわれている訳です。お父さん国内的にも国際的にも、沖縄問題が取り上げられる様になり、年々状勢は発展して来ます。（中略）

セクト主義、利己心を徹底的になくし、お父さんが仰った様にケンキョな態度で大衆から学ぶという事を常に心掛け努力せねばならないのです。言葉でいう事はたやすいが併し実際は容易なものではないですね。瞳は一つ一つ問題にぶつかる度に成長しています。そういう言葉の意味も、そういう苦難な問題に出合う度に分って参ります〉

ことあるごとに、「お父さん」と語りかける。これを届けたら、米軍にとっていったいどんな不都合があるのか。どんな些細《ささい》なことでも、亀次郎に通じるものはすべて封じていく、米軍の警戒心の強さの表れだろう。

「過激」と断じた宮古地区警察署長は、手紙にあった「パンフ」についても報告している。〈本文中に『パンフ同封致してあります通』とあるは『アジア諸国に沖縄代表を送りませう』と題し、アジア諸国会ぎの内容と目的、各国名及各界に寄附を求めた文章で

沖縄日本復帰促進会

アジア諸国会議代表派遣実行委員会

が発行となっていますから申し添えます〉

祖国復帰、日本復帰……アメリカにとって、沖縄の日本への復帰を求める動きは、すなわ

ち占領を否定することにほかならない。最も神経を尖らせる言葉だった。

日傘を手に微笑む亀次郎

第4章 「抵抗者」の軌跡

むしろのあやのように

瀬長亀次郎は、1907年6月10日、豊見城村（現・豊見城市）我那覇《がなは》に生まれた。貧しい農家の生まれで、亀次郎が3歳のときには父が出稼ぎ移民としてハワイに渡ったほどだ。

生家があった場所には、その後建てられた家屋が残ってはいるが、いまは住む人はおらず、うっそうとした木々に覆われている。

亀次郎は学校から帰ると、部落の裏手にあった大きな松の木に登り、よく読書をしていた。ときには英語の本を声に出して読んでいたという。

飼育している山羊に食べさせる草を刈ることが、祖父に言いつけられた日課だったが、時折忘れてしまう。頑固な祖父は、罰として亀次郎の食事を減らした。

そんなとき、母はこっそり芋を食べさせてくれた。亀次郎は母の教えに耳を傾け、常に心に留めるようになる。

「ムシルヌ　アヤヌ　トゥーイ　アッチュンドー」

むしろのあやのようにまっすぐ生きるんだよ。この言葉は、亀次郎の生き方に大きな影響を与えることになる。

沖縄県立第二中学校（現・那覇高校）に進学。毎日、豊見城から学校まで自転車ででこぼこ道を通っていた。約1時間はかかったであろう。

どうしたら、いまの貧困から脱出できるのか――亀次郎は、医師を志す。得意科目の理科・数学と英語の勉強に力を入れた。

「僕が勉強を教えるから看護婦試験を受けなさい。医者になって、僕が病院をつくるから」

従姉にも、そう声をかけたほどで、医師になるという「相当な自負心に満ちていた」と本人も述べている。

ところが、1924年、県立二中4年のとき、ハワイで働く父から突然呼び寄せられた。亀次郎の兄が病気のため、ハワイで亡くなり、「働き手」として亀次郎に声をかけたのだ。亀次郎は、ハワイ便が出航する神戸までは赴いたが、アメリカが排日移民法を施行したため、足止めをくってしまった。ハワイに渡ることができなくなった亀次郎は、同郷の先輩で東京帝大生の喜屋武保昌《きやんほしょう》を頼り、再び医師を目指して東京で勉強を続ける道を選ぶ。

私立順天中学に編入し、喜屋武と二人の自炊生活が始まった。亀次郎は、この喜屋武との出会いを、人生の転機だったと振り返っている。その思想に影響を受け、社会への見方が変わり、目を開かされるのを感じた。

なぜ世の中には貧乏人が多いのか、なぜ労働者の暮らしは働いても働いても良くならないのか、なぜ戦争は起こるのか、なぜ資本家だけは肥え太っていくのか……。故郷・沖縄の姿が常に脳裏にあった。

その後、亀次郎は、旧制第七高等学校(現・鹿児島大学)に進学。医師志望に変わりはなかったが、当時非合法の社会科学を研究するサークルに所属して社会問題に対する思索を深め、社会運動に傾倒《けいとう》していった。

医師として働くよりも、疑問の答えを追求することこそが「むしろのあや」なのだ――。科学的社会主義、つまりマルクス主義の文献を読みあさるなかで、自分なりの「理論」を固めていった。

生涯の恩師

1928年、七高2年の冬、亀次郎は初めての逮捕を経験する。その年の3月、共産党員が一斉検挙された三・一五事件で党員をかくまったとして、「犯人隠匿」の容疑がかけられたのである。20日間拘留の末に幸い起訴猶予となったものの、せっかく苦労して入学した七高からは放校処分を受け、勉学の道は閉ざされてしまった。

厳しい処分に途方にくれる亀次郎であったが、ずっと温かい眼差しを向けてくれた人物がいた。七高時代の担任で化学教授の松原多摩喜《たまき》である。

松原は母同様に亀次郎を励まし、その生き方に大きな影響を与えた。

「思想問題の会合に出席している」と問題視され特高警察や憲兵隊にマークされていた亀次郎を、松原は擁護しつづけた。

〝思想学生〟と断じられれば、調査もせずに放校処分となるのが当然という時代に、松原は亀次郎をかばいつづけ、警察と交渉し学校には通報しないように要請した。亀次郎が逮捕されても、放校処分に最後まで反対した。

松原の人生哲学は、亀次郎の心を揺さぶっていた。亀次郎は松原の教えについて、「私を導いてくれた三つの星」と題する文章（１９６３年）でこう書いている。

〈〝黒色〟にかわれと個人的に主観的に希望しても、〝赤色〟の出るようなフラスコの化合物はきっぱりと黒色を拒否して赤色をもって答えるものだ。

客観的真理を否定するようなものは、一時は栄えるようであっても、とどのつまりは真理の光に照らされ敗残者となる。

弱者をいたわり真理を求めて前進せよ。何者も恐れるな、こうと決めた目標に向かって進め、進んで過ちとわかったら謙虚になってあらためよ〉

弱者へのいたわりと真理の追求。その教えは、その後の亀次郎の政治的姿勢に通じる。

放校処分によって、松原と亀次郎の師弟関係も途切れるが、その後も二人の絆はつながりつづけた。

1932年に亀次郎が伊豆半島の丹那トンネルの工事現場で労働争議を指導し、治安維持法違反で逮捕、投獄されると、松原はわざわざ面会のため足を運んでいる。

亀次郎は収監された横浜刑務所から、故郷の沖縄刑務所に移されていた。「親や親戚に説得されれば、転向するだろう」というのが、当局の思惑だった。沖縄刑務所の面会室で顔を合わせた師弟は、わずか10分の面会時間のうちの半分以上、涙で声を詰まらせ、話すことができなかったという。

「亀次郎、体を大切にしろよ。もし出所して居所に困る場合は、いつでもよろしい、先生のところへやってくるんだね。君には耳にたこができていると思うが、節を曲げるなよ、では頑張れ」

のちに、松原は亀次郎への思いを綴ったこんな手記を残している。

〈瀬長亀次郎君よ！　君の堅持する思想を死守して敢闘されよ。二十数年前君に示した愛情は、今もなお不変である。世界人が総て君を敵にしようとも松原多摩喜一人だけは、旧担任として親の愛情を持続しておることを想起されよ。

醱酵菌と腐敗菌の作用は同一だ。腐敗菌より人間という一種の動物を批判させたら恐らくこう言うだろう。〝人間は醱酵とか腐敗とか勝手に区別して醱酵菌は擁護するが、我々は眼の敵だ。人間という奴は自分達に利益になるものばかりを保護する〟と。その通りだ。同様な現象でありながら、人間様に有利な分解体が出来るときには醱酵菌としてちやほやし、不利な分解体、例えば悪臭、有毒物質等生ずる時には腐敗菌として虐待する。君の考え方は、沖縄では腐敗菌扱いされるが、時代を経れば、醱酵菌に変わるやも知れぬ。例えば penicillium notatum のように。君も世紀の英雄にならんとも限らぬ。頑張れ！ 瀬長君！ 現在の偶像が不良教授に転落したり、吾輩の様な異端者が偶像に急変しないとも限らぬなあ、瀬長君よ〉

何かをなす人

1935年4月、出所したあとも、特高による監視が続いた。亀次郎本人も尾行されていることを、絶えず背中で感じていた。沖縄での生活に息苦しさを感じていた亀次郎は、鹿児島の松原に心情を吐露する手紙を送っている。松原からは、

「君ひとりぐらいならなんとか食わせることはできるから来てもよい」

と返信があった。沖縄を離れるべきか、否か――。

実はこのころ、亀次郎は、後に妻となる西村フミと出会っている。フミは、1909年8月9日、沖縄の佐敷《さしき》村、いまの南城《なんじょう》市に生まれた。亀次郎の2歳年下である。那覇市立高等女学校を卒業後、沖縄県庁の衛生課に勤務していた。知り合ってから約1年の交際を経て、二人は結婚を決めた。フミの職場の隣には、特高警察課があっ

た。驚いたことに、まだ周囲の誰にも結婚を告げていない時期に、突然、特高課長に大きな声で、

「西村さんおめでとう！」

と言われた。驚く衛生課の職員たちに、

「知らないんですか。灯台下暗しですな」

と特高課長は笑った。亀次郎を尾行し、その行動や交際範囲を監視していた特高が、それを誇示していることは明らかだった。

亀次郎は、常に特高の視線を浴びる沖縄での生活に、息苦しさを感じていた。もし、フミと結婚していなければ、松原がいる鹿児島に飛び出していたかも知れない。

仮にこの時点で亀次郎が沖縄をあとにしていれば、その戦後史は、大きく変わっていたに違いない。フミとの出会いは、亀次郎の人生のいわばターニングポイントといえた。

出獄後の亀次郎は、フミが勤める県庁近くにあった県立指導所で、蒔絵工として働いていた。服役中に金粉や銀粉で漆器に絵を描くことを習得していたのだ。そんな亀次郎を、特高課長はしばしば喫茶店に連れ出し、コーヒーを飲みながら転向の説得を重ねた。

そもそも亀次郎が横浜刑務所から沖縄刑務所に移送されたのも、転向させる狙いからだったが、亀次郎は、どんな説得にも応じることはなかった。

フミの親戚からも、「思想犯」「刑務所帰り」というレッテルが貼られた亀次郎との結婚に

反対する声が相次いだ。しかし、亀次郎を「何かを成す人」と見込んだフミの思いはまったく揺るがなかった。

この目で見た沖縄攻防戦

亀次郎が蒔絵工から沖縄朝日新聞の記者に転じていた1936年11月、二人は結婚。しかし、新婚生活は平穏とは無縁だった。結婚2週間後、亀次郎は、軍事教練で熊本連隊への入隊を余儀なくされる。この年の2月には二・二六事件があり、翌年には盧溝橋事件と、時代は戦争への坂道を転がり落ちていった。

結婚2年目の1938年7月、亀次郎にも召集令状が届き、当時「中支」といわれた中国大陸の中部地方に出征する。長女・瞳は、まだ生後8ヵ月だった。

軍事物資を運ぶ部隊の小隊長となった亀次郎は、馬の鞍に物資を乗せて運搬している最中、道ばたに放置されている負傷した日本兵の姿を目にとめた。見て見ぬ振りなどできない。

物資を鞍から下ろし、その代わりに負傷兵を乗せた。本来なら命令にそむいたことで、軍法会議にかけられる事案だったが、運よく処罰されることはなかったという。亀次郎は、多数の負傷兵を救った。戦後、

「瀬長隊長に助けられました」

と名乗り出る者が何人もいたという。

亀次郎本人は、もとより自慢話をする人間ではなく、戦場での体験を自ら積極的に話すことはなかった。

当時の沖縄朝日新聞社長の配慮もあり、現地から記事を送るという約束で家族には給与が支給されることになったが、軍の検閲が厳しく、亀次郎が戦地から送った記事はほとんど黒塗りにされた。

亀次郎は1940年に復員したが、家族そろっての暮らしは長く続かなかった。多くの日本兵が駐屯するようになり、いよいよ沖縄の風景は変わりつつあった。

「沖縄は危ない」――そう考えた亀次郎は、家族を疎開させることを決断する。

1944年8月、妻のフミと長女・瞳、次男・徹を、フミの妹がいる宮崎県延岡市に向かわせた。同じ月に那覇港を出発した疎開船「対馬丸」が米軍の攻撃を受け、多くの子どもたちが犠牲になる悲劇も起きていた。フミも二人の子どもとともに貨物船に乗り込んだ。300人以上がすし詰めになった船底で過ごした8日間は、妊娠3ヵ月の身にはかなり堪《こた》えたが、鹿児島湾が見えたとき「第一の死線を脱した」と感じていた。このときフミのおなかの中にいたのが、次女・千尋である。

妻子が疎開した2ヵ月後の1944年10月10日、那覇の町はのべ900機の米軍機によって9時間にわたる集中攻撃を受け、灰燼《かいじん》に帰す。いわゆる「十・十空襲」である。それからおよそ半年が経つと、沖縄は軍隊と民間人が混在する地上戦の舞台となっていた。戦いは丸3ヵ月に及び、住民にとてつもない犠牲を強いた。

沖縄は捨て石だった

6月23日は、沖縄慰霊の日である。

1945年のこの日、牛島満司令官、長勇《ちょういさむ》参謀長が自決し、沖縄における日本軍の組織的戦闘が終結したとされる。

県内の学校は休みとなり、多くの家族が平和の礎《いしじ》や慰霊碑を訪れ、戦争で亡くなった人々の霊を慰める。

沖縄戦終焉の地・摩文仁《まぶに》では、毎年正午に黙禱《もくとう》を捧げる、沖縄全戦没者追悼式が行われる。戦後70年を迎えた2015年も、2016年も、2017年も、辺野古新基地建設を強行する安倍晋三首相にやじが飛んだ。

翁長雄志《おながたけし》知事は、平和宣言の中で基地問題をめぐり政府の姿勢を批判、沖縄の立場を明言し、参列者から大きな拍手が起きる。とくに2015年の式典では、拍手が波のように何度も押し寄せるように湧き、いつまでも鳴り止まなかった。

軍人、民間人、国籍の別なく、平和の礎に刻まれた犠牲者の名前は24万を超える。筆者はこの地を訪れるたびに、その圧倒的な数に足がすくむ思いがする。家族の名前をなでながら、その場をずっと離れられないでいる人々の姿を見ると、これ以上の非戦のメッセージはないという思いを強くする。

平和の礎は、1995年、戦後50年の年に当時の大田昌秀知事の発案で建立された。大田は、沖縄戦では鉄血勤皇隊の少年兵で、千早隊という通信隊に所属、多くの仲間を失った。

その仲間の少年兵たちが祀られている鎮魂の石碑が、「健児の塔」である。大田は、ここが自分の戦後の出発点だと考えていた。多くの仲間が命を落としたなかで、なぜ自分は生かされたのか、ずっと考えつづけてきた。戦後の自らの生を、「血であがなわれた」と表現し、二度と戦争が起きないよう、発信しつづけることこそが自らに課せられた任務だと考えた。健児の塔を訪れたある日、塔に刻まれた名前を見つめ、なで、一日、塔の前から離れない遺族の姿を見たのが、平和の礎を発想するきっかけだったという。

しかし、このおびただしい数の犠牲を生んだ悲劇のあとも、沖縄の苦難のときは止まることがない。

あの沖縄戦とは、本土決戦を少しでも遅らせるために、日本が沖縄を捨て石とした戦いだった。県民4人に1人が命を落とした地上戦は、絶望しかなかった。

瀬長亀次郎にとっての沖縄戦はどういうものだったのか、遺稿に、これまで知られていなかった、亀次郎の沖縄戦体験が記されていた。

亀次郎が生まれた豊見城村は、近くに海軍の陣地があったことから、米軍の集中砲火を浴びた場所でもある。海軍・大田実中将が、

「沖縄県民かく戦えり　県民に対し後世特別のご高配を賜らんことを」

と打電した海軍司令部壕は、この豊見城市にある。

亀次郎は妻子を宮崎県に疎開させ、豊見城村の家に両親と３人で暮らしていた。家には、日本軍の将校が滞在していた。沖縄に配備された日本兵たちは、沖縄県民の民家を宿舎としてもっともいい部屋に居座り、部屋を奪われた住民は肩身の狭い思いで暮らすほかなかった。

日本兵の近くにいれば守ってくれるから安心と考える住民も多く、亀次郎の父もその一人だったが、亀次郎の考えは違った。

「日本兵といると、かえって危ない。お父さん、やがて米軍がやってくる。やんばるへ行こう」

「日本軍がアメリカに負けるもんか。お前の考えは、いつもさかさまだぞ」

ところが、海からの米軍の艦砲射撃は激しさを増し、亀次郎一家の屋敷を、２発の爆弾が襲った。

避難していた壕から、裏山に登ると、海を真っ黒に染めた米軍の軍艦が見える。すでに米

軍が上陸して沖縄本島攻略の拠点としていた慶良間《けらま》諸島は、真っ赤に燃えていた。

「カメジロー、やんばるへ行くよ」

父は、ようやく目の前に迫った危機を感じ取った。一家が豊見城の自宅を出発したのは、1945年3月31日の夜のことだった。

飼っていた山羊も豚も日本軍に接収されていたため、残っていたのは自転車1台だけ。その荷台に味噌と米をくくりつけ、亀次郎が自転車を引いて出発した。北部への疎開を説得した父と母と3人の逃避行だった。集落にはほとんど人が残っておらず、見えるのは、降ってくる爆弾と、日本兵の姿だけだった。

翌日、米軍は沖縄本島西海岸に上陸。一家は、それを避けるように東海岸を北上していた。その道中、亀次郎がこんな光景を目にする。

〈朝日が上がり、道ばたにころがっている死人を照らしだした。死臭で息が詰まるようだ。鉄帽を射抜かれてたおれている兵隊、両足をふっとばされて頭と胴体だけであおむけに天をにらんでいるおじいさん。頭のない赤ん坊を背負ってあざみの葉をにぎりしめてうつぶせている婦人の死体。母は気を失って倒れてしまった。夜通し歩き続けた過労も重なってはじめてみる同胞のむごい死にざまにあてられたためである〉

途中で味噌と米を捨て、荷台には母を乗せた。母はようやく正気を取り戻したが、グラマン機の機銃掃射を受け、慌ててサトウキビ畑に逃げ込み、暗くなるのを待った。

〈夜のとばりとともに三人の行進がまたはじまった。頑丈を自慢の父のあしどりもあやしくなった。自転車を引っぱっている私は、背中に荷台の母のウツロな目を感じる〉

移動開始4日目の明け方、目的地とした知人宅に到着。頑丈な壕の内側で暮らせるようになり、母も元気を取り戻していた。


上陸後、米軍の主力がどんどん南下したため、日本軍とともに行動した住民は追い詰められ、軍民混在となって多くの犠牲を出したが、亀次郎一家が疎開した北部では、いち早く「戦後」が訪れていた。日本軍の主力部隊がいなかったからである。

「日本軍の近くにいるとかえって危ない」と言った亀次郎の判断が一家を救ったのだ。

沖縄中部の宜野湾《ぎのわん》村（現・宜野湾市）では、いまの普天間基地となっている地域をはさんで、北と南で、犠牲になった住民の率が大幅に異なる。北の集落では犠牲となったのは軒並み1割台だが、南では半分近くに及ぶ。南の地域には日本軍の陣地があった。降伏したくとも日本兵の手前、降伏できなかったのだ。「生きて虜囚《りょしゅう》の辱めを受けず」という戦陣訓によって、多くの民間人が投降を許されず命を落とした。

一方北の地域では、捕虜となった住民らが収容所生活を送っていた。軍隊がそばにいるかいないかが、生死を分ける分岐点になった。日本軍司令部があった首里に米軍が迫ると、日本軍は司令部を放棄して南部への撤退を決断した。これによって、さらに多くの民間人が戦闘に巻き込まれ、3ヵ月に及ぶ地上戦で沖縄県民の4人に1人の命が奪われた。歴史的な差別の末、「日本人」になろうと日本のために戦った沖縄県民が捨て石とされた。その結末がこれである。

亀次郎が、日本軍司令官と参謀長の自決(6月23日)を知ったのは、翌24日の夕方のことだった。

なぜ戦争が起きるのか。なぜ庶民は虐げられつづけるのか——瀬長亀次郎の戦後は、ここから始まった。

1957年1月5日、
市長当選証書を受け取る。
窓の外に見物人が張り付いていた

第5章
那覇市長・カメジローの奮闘

アメリカのご都合主義

亀次郎の出獄から2ヵ月が経った1956年6月20日。軍用地問題について、民政府が発表した、ある報告書が波紋を広げていた。

いわゆる「プライス勧告」である。メルビン・プライスが団長を務めた調査団は、米軍による軍用地接収の正当性を認め、土地代金の一括払いを妥当とした。

〈なぜ我々が沖縄にいるのか。沖縄は、世界規模の防衛上、不可欠な一部をなしているからである。琉球諸島には、我々が政治的にコントロールできる境があり、また敵のような国家主義的運動がないことから、長期にわたって、極東から太平洋にある、この離れた島を軍事基地として使うことができる。ここで、我々が原子兵器を貯蔵したり使ったりする権利に対して、外国政府による制限を何等受けることはない〉

〈戦争が起きれば沖縄の戦略的重要性は、現在より増す〉

〈沖縄側の要求や困難な土地問題は、うるさい少数派によって格好の政治問題になった。少数派が共産主義者に扇動されたものであってもなくても、彼らはアメリカが補償問題でどれほど公正で寛容な措置をしても満足しないだろう〉

軍事利用がすべてに優先し、半永久的に沖縄を軍事基地として使う——報告書は、その姿勢で貫かれていた。亀次郎ら立法院議員の主張する「土地を守る四原則」の完全否定である。

アメリカの都合と本音を丸出しにしたこの報告書に、沖縄じゅうが怒りに包まれた。那覇市の国際通りには、「四原則を守れ！　プライス勧告粉砕」「土地を守れ」と書かれた横断幕が掲げられるなど、島ぐるみの抗議行動へ発展していった。

勧告の内容は、正式発表より前に概容が発表され、沖縄には大きなマグマが溜まっていた。そして発表当日、市民は全島各地でいっせいに抗議の声を上げげた。市町村ごとに大会が行われ、沖縄の64の市町村（当時）のうち、56市町村で住民大会が行われた。琉球新報は、全島の参加者があわせて20万人に達したと伝えている。西原村（現・西原町）での大会では、

「米軍に協力した10年は、沖縄はアメリカの勝手にできるという印象を与えてしまった。われわれの土地はわれわれの団結の力で守る瀬戸際に追い込まれている」

という声が上がった。同じ疑問と危機感を誰もが共有していた。

日米安保の一方的な解釈、沖縄を恒久基地化するというアメリカの方針は、本土でも大きな議論を呼んだ。

「これは沖縄の悲劇だというだけではなく全日本人の問題である。日本の政府は確かに行政、司法、立法の三権を米に与えているが、沖縄人は日本人なのだから米国に対し外交折衝

を行うのは当然のことであり弱腰になって遠慮すべきではないと考える。プライス勧告によると、今以上の土地接収が予定され、又可能であるとして沖縄の軍用地の拡大を思わしているが、全世界が軍備縮小に向っている時、この勧告はおかしいと思う。(中略)今次大戦で沖縄は言葉につくせない苦労をしていてまた今まま子扱いを受けているが、沖縄の問題はわれわれ自身の問題として考えるべきである」(6月21日付琉球新報に掲載された潮見俊隆東大助教授のコメント)

沖縄の戦略的な重要性を強調する米側の主張や、沖縄問題は日本の問題、われわれの問題と捉えるべきという国内識者の解説は、60年前の話とは思えない。

土地を守るんだ、支配から逃れるんだ

プライス勧告に対する抗議行動は広がりつづけ、収束の気配がない。

7月28日の夕刻、那覇高校の校庭には、どこから来るのか、わき出るように次から次へと人が集まってきていた。

その数、なんと15万人。当時の沖縄の人口は80万人だから、まさに空前の規模だ。

この夜の「四原則貫徹住民大会」には、出獄まもない亀次郎の姿もあった。

那覇警察署警官の上原徹も、この場にいた。この日は偵察・監視する側ではなく、大会の

参加者のひとりとして、那覇高校に足を運んでいた。

「あの大会の光景は、いまでも忘れることができませんね。もうね、燃えていました、みんな。本当に燃えたという感じでした。僕自身もそうだった」

ずっと、ジレンマを抱えていた。米軍を批判する者を偵察・監視するという職務と、沖縄に住むひとりの住民としての自分と、常にその狭間にあった。

「沖縄を守らなければいけない。土地を売ったら、もう駄目だよと。軍用地を売ることは、それは、沖縄をアメリカに売るのと同じなんです。そうなると、沖縄はずっとアメリカに支配されることになってしまう。

だから、日本復帰という前に、米軍の支配から抜けたい、というのがみんなにあったんだと思う。土地を守るんだ、支配から逃れるんだ、という思いが根っこにあった」

米軍に対し、「一坪たりとも土地は渡さない」と訴えるため、集結した市民たち。上原もそうした「地主」の一人として、警察官という立場を超えて意思表示していた。

当時の那覇高校は、いまの校舎がある場所に校庭があったという。そこに、15万人もの市民が集結した。

出獄したばかりの亀次郎が、壇上に立つ。上原がかつて護送に付き添った、あの亀次郎だ。翌朝の琉球新報には、その演説が採録されている。

「意見を述べる前に四代表と、悪法である布令九号を尻目に那覇高校グラウンドでこの大会を持つことを許可した勇敢な那覇高校区連合教育委に心から感謝したい。

このことは今後の学校使用に良い前例を残したものである。アメリカは2年間も闘いつづけてきた伊江島の真謝《まじゃ》区の農作物に空からガソリンをぶっかけて放火した。東村でもアメリカは、砂泥棒をつづけている。一リットルの水も、一粒の砂も、一坪の土地もアメリカのものではない。空気はわれわれがただで吸わしている。水は飲むだけでなく、コーラやジュースを作ってうんと儲っている。やがて不買同盟も起こるであろう。われわれは対米非服従運動を起こさねばならない」

上原は、自分の変化を確かに感じていた。

「つられていくんです、あの人に。やらなければいけない。亀次郎さんの言葉に寄っていく」

ここでも亀次郎は、あのフレーズで民衆の心をつかんだ。

「亀次郎さんは、こう言ってましたよ。ひとりでは届かないけど、10人集まり、１００人集まり、何万人となれば、アメリカに声は届くんだぞって」

１９５０年のあの演説が再現された。

「この瀬長ひとりが叫んだならば、50メートル先まで聞こえます。

ここに集まった人々が声をそろえて叫んだならば、全那覇市民にまで聞こえます。沖縄70万人民が声をそろえて叫んだならば、太平洋の荒波を越えてワシントン政府を動かすことができます」

15万人がひとつになっていた。

「ここに集まった人たちは、それこそみんなひとつになって、アメリカに届けという気持ちだった。この大会だけは、しっかり覚えてます、私も」

警官であると同時に、一人の地主でもあった上原自身、アメリカに土地を奪われていた。

「わたしは（アメリカによる接収以降）一度も自分の土地に帰れなかった。ふるさとがないんです」

取材の最後に、そうつぶやいた上原の視線の先の校庭では、那覇高校のサッカー部員たちがボールを追いかけていた――。


広がる一方の抗議に、米軍も手を焼いていた。焦りを募らせ、対抗措置に躍起になっていく。

まず、米軍人や軍属の民間地域への立ち入りを禁じる「オフリミッツ」を実施した。表向きの理由はトラブルを避けるためだったが、米軍関係者が繁華街に出入りしなくなることで、基地周辺の町に経済的ダメージを与えることが狙いだった。

さらに、デモに参加した学生を処分するよう琉球大学に圧力をかけた。この圧力に屈し、大学は７人の学生を退学・謹慎処分とした。この処分は51年後の２００７年、大学が「処分は不当だった」として取り消し、謝罪した。

「亀次郎市長」誕生！

この年の12月、亀次郎は市長選への出馬を決意する。琉球政府主席の比嘉秀平《ひがしゅうへい》が急死し、その後任に当間重剛《とうまじゅうごう》那覇市長が任命されたため、空席となった那覇市長の椅子が争われることになった。

突然の市長選で、ムーア高等弁務官は、保守統一候補の擁立に躍起になったが、一本化は難航する。当間新主席も加わり調整に調整を重ねたが、結局、仲井間宗一、仲本為美の二人が立候補する保守分裂選挙となった。

一方亀次郎の擁立を決めた沖縄人民党は、こう選挙の意義を訴えた。

「プライス勧告を受け入れ、異民族の永久支配を認めるか、一坪の土地も異民族の手に売り渡さず、四原則を貫き通し、日本の領土主権を守り、原水爆基地化を許さず、沖縄の祖国復帰を実現するか。この選挙は、四原則を切り崩し、一括払いを押し付けて国を売り、沖縄を恐ろしいミサイル基地にし、日本復帰を阻止している米沖反動勢力と、日本の国連加盟を機会に、日本復帰を実現し、原水爆基地を払いのけ、四原則を守り抜く決意に燃えている日沖民主勢力との決戦である」

この選挙戦のさなか、米軍による新たな土地の収用が発覚する。

いまの名護市辺野古である。海に突き出る辺野古崎。当時は、緑に覆われ、建物一つない美しい岬で、手つかずの自然が残っていた。現在は米軍の「キャンプ・シュワブ」となり、日米両政府の合意によって、岬を横切る形でV字滑走路が建設されようとしている。

選挙戦中、アメリカは亀次郎を中傷するビラを上空から撒いた。沖縄戦での心理作戦と同様の手法である。

米軍がバラ撒いた、亀次郎を中傷するビラ

「共産党の手先」と書かれたビラの亀次郎の似顔絵の頭に共産党のマーク。ソ連の国旗と亀次郎を描いたビラもあった。〝レッテル貼り〟と〝印象操作〟——どこかで聞いたような話だ。

しかし、米軍の心理作戦は、一向に奏功しなかった。

亀次郎は、手ごたえを感じつつあった。

投票日1週間前、12月18日の日記。

〈『労働者よ、市民よ、勇気をふるいおこせ。四原則をふみつぶしプライス勧告をうけいれてこの沖縄を原水爆の永久軍事基地にすることを許し、祖国復キを阻害する売国勢力と四原則を守りプライスカンコクをふんさいして完全祖国復キをこいねがう民主革新勢力はいま火花を散らして斗っているのだ。異民族のドレイへの道西へ進むのか、祖国への道東へ進むかのわかれ路に立っている。市民よ、死への道へではなく日本国民の独立と平和と民主主義としてのハンエイを保証される道を進もうではないか』と訴えるや大衆はかんこしてこたえる〉

投票日前日、24日の日記。

〈最后の演舌会をもつ。（中略）雨がふっている。傘を用意していない聴衆は3時間じーとぬれねずみになってきいている。なんという高い政治意識だろう。何という辛抱強い抵抗だろう。もっと強くなろう、前進だ〉

そして、白熱の市長選を制したのは、亀次郎だった。

瀬長亀次郎　1万6592
仲井間宗一　1万4648
仲本為美　　9802

なぜ〝共産主義者〟が勝ったのか

仲井間宗一と仲本為美の得票を足せば、亀次郎の得票を上回る。仮に保守統一候補が実現していれば、もっと接戦になっていたかもしれなかったが、仲本は「四原則貫徹」を主張しており、土地収用問題に関する米軍への反発はやはり非常に強かったと見ることができる。

前任の当間市長の後継者として立候補した仲井間は、「保守分裂が敗因だった」とコメントしている。

「人民党ではかねてから組織を強化して選挙の対策をしているのに、反人民党勢力は分散しているから負けたのだ。沖縄の政治の方向について大いに反省すべきときだ。分裂した勢力が勝ったためしはないということを沖縄の政治家は知っていない。こんな状態ではいつまでたっても沖縄の政治団結はできない」

亀次郎の当選を受けて、新聞には「各界に異常な反響」と見出しが躍った。並んだのは「反亀次郎」の談話だ。

「那覇市は今までに直面したことのない困難にぶつかった。那覇市民は大いに反省すべき」（貿易会社の社長）

「那覇市民はもっと常識があると思っていたら案外でした。沖縄におけるアメリカの施政に

ついて沖縄の人たちの政治的な認識が疑われます」(ある商店街の会長)

市役所内でも、様々な反応があった。那覇市のナンバー2である助役は、「人民党とは一緒に仕事はできない」として辞任した。

占領統治を続け、軍事戦略上の重要拠点と位置づける沖縄の中心・那覇で、「共産主義者」と警戒していた人物が市長に当選、「反米市長」が誕生したことに、米軍も動揺していた。

沖縄―東京―ワシントン間で、この時期、亀次郎の勝因分析と、今後の市政運営を警戒する電信のやりとりが急増している。

12月26日付で在沖縄総領事から発せられた国務長官宛の電信には、亀次郎の勝因として、〈軍用地収用計画に対する強い反対姿勢〉や〈綱領として掲げた日本復帰〉が支持された旨が記され、12月27日付陸軍諜報報告は、〈重要なのは、米国の軍用地政策への反対と日本復帰の要求〉であるとしたうえで、〈那覇市長としての立場は、瀬長に過激な反米プロパガンダや琉球におけるアメリカの地位を揺さぶる、新たな武器を与えることになるだろう〉とした。

一方の亀次郎は、自らの当選を「アメリカへのクリスマスプレゼント」と皮肉った。その当選の弁は、こうだ。

「11万那覇市民は日本の領土を守りぬき完全祖国復帰を熱望していることが証明された。さしあたってすぐ手をつけることは、直ちに11万市民の先頭に立って四原則を死守すると同時に日本の国連加盟を契機として来年2月までに日本復帰署名運動を展開し、日本政府はもちろん、国連80加盟国に沖縄住民の意向を伝えなければならない」

出獄した日、「これ以上祖国復帰を訴えたら、再び投獄されるかもしれないが、それもいとわない」と誓ったが、その決意が揺らぐことはなかった。その姿勢に市民が応えたのだ。〈歴史がつくられつつある。解放の旗を11万市民は高くかかげた。斗いは、しかしはじまったばかりである。よくあつの嵐はすぐやってくるだろう、ふんどしをしめなおそう。民衆の力を信ずるものは必ず勝つのだ〉（当選が決まった12月26日の日記）

「抑圧の嵐」はすぐやってきた。民主主義国家・アメリカは、選挙で選ばれた市長・亀次郎の「追放工作」に狂奔する。

まずは、「兵糧攻め」だった。

米軍は那覇市への補助金の打ち切りを決め、米軍が大株主となっている琉球銀行に通達した。それに従って銀行は都市計画事業への融資を中止し、預金も凍結した。その措置は、銀行独自の判断で行われたように発表され、表向きアメリカの関与はないかのように装った。

預金封鎖に関連し、このときの琉球銀行総裁の発言を沖縄タイムスが報じている。

「那覇市への融資ストップ措置とともに、市民の中で人民党員および同調者ということがはっきりする人に対しては、当然銀行融資を停止することになろう」

市民への恫喝《どうかつ》に他ならない。

翌日の琉球新報は琉球銀行総裁が読み上げた、実業界の声明を掲載している。

「今回、那覇市長選挙に於いて、人民党公認瀬長亀次郎氏が最高票を獲得したことは遺憾《いかん》に堪《た》えない。同人は共産主義者であり、反米的であり、反政府的であり、破壊的である。かかる立場に於いて行動する彼に、那覇市の復興と繁栄を期待することは、絶対に不可能なばかりでなく、那覇市政を破綻に導くは勿論、ひいては、那覇市民の生活に一大脅威を与えることは、火を見るより明らかである。那覇市将来の飛躍的発展と、市民生活の安定と幸福をひたすら希望するわれわれは、同氏に対し、絶対協力しないことを声明する」

実業界は、占領米軍と一体となっていたのだ。

その一方で、米政府内では、市民の反応を探る動きがあった。当時の沖縄総領事・スティーブスは、

「米国が統治する属領で共産主義の支持も容認も協力もできないことを強調する。それが急速に盛り上がりつつある反対派への支援となり、瀬長の没落を早めることになるだろう」

と、本国の国務長官に打電した。

これに対し、国務長官は「瀬長が殉教《じゅんきょう》者に祭りたてられる」と危惧《きぐ》していた。さらに、駐日米国大使は、別の側面から懸念を表明した。

「米国によるあからさまなセナガへの圧力は、かえって、日本人が特に敏感な、米国による

独裁的な行動、民主的プロセスへの介入とみなされる」「瀬長市政」にどこまで介入すべきなのか。するべきでないのか。アメリカも迷っていたのかもしれない。

初登庁日の演説

市長当選から１週間、激動の１９５７年が始まった。

党員や支持者が続々とつめかけての新年会から一夜明けた2日の早朝――亀次郎が、寝巻き姿のまま庭先を掃除していると、アメリカ人記者が現れた。琉球大学の外間教授を通訳に伴ったＡＰ通信のゼームス・キャリー記者である。

自宅に招きいれられると、遠慮がちながらも、直截《ちょくせつ》に質問を飛ばした。

記者「あなたは反米ではないのか」

亀次郎「反米ではないね。君とこうして語り合っているじゃないか」

記者「反米だと見られている原因は、なんですか」

亀次郎「アメリカのよからぬ政策に反対しているからだね。武力でもし君の父親の土地が日本軍から取り上げられたら賛成するかね？　理由の如何を問わず。どうですか。馬鹿にされても賛成しますかね？　答えはそこにあるね」

記者「人民党は共産党といわれているが？」

亀次郎「人民党は共産党ではない。人民党は不正と不義に徹底的に闘うヒューマニズムの精神に貫かれ、日本復帰などを掲げた要求綱領を人民の先頭に立って活動する党である。沖縄に共産主義社会の実現を期するとか社会主義制度を打ち立てるとかを立党の精神としている共産党や社会党ではないね。歪曲、曲解して勝手にアメリカの統治者が決めたのだね。沖縄のおかれた特殊な政治形態から必然にして生まれたものだよ」

亀次郎は、このとき記者の質問に対して、ほぼ通訳の言葉を聞く前に日本語で答えていたという。この取材の結果が、どのように報道されたかはわからない。だが、亀次郎の真意が米軍側に届くことはなかった。

先述した1944年10月10日の十・十空襲。

その空襲で焼け残った数少ない建物の一つである天妃《てんぴ》小学校が、戦後、那覇市の市庁舎として利用されることになり、「那覇市役所」の看板がかけられた。

1957年1月5日。亀次郎の姿は、市庁舎となった天妃小学校の会議室にあった。

この日、那覇市長の当選証書の交付を受ける亀次郎の写真が残されている。着席した各部課長ら幹部が見守る前で、三つ揃いのスーツに身を包み、両手をまっすぐに伸ばして証書を受け取っている。

この写真には、会議室の窓越しに、期待に満ちた眼差《まなざ》しでじっと亀次郎を見つめる人々の姿が写り込んでいる。

「私は普通のありふれたマチヤ小《ぐゎー》のおやじであり、世間で騒がれているような幽霊でも怪物でもない。私は一人だけでは何もできないということは誰よりも知っており、皆様とともに日本国民としての誇りを持って、やっていくことを誓います」

市長としての初登庁は、１月７日だった。その日の日記には、午前10時、天妃小学校の校庭に集まった全職員と相対した様子が描写されている。職員たちは直立不動で、亀次郎には軍国時代の閲兵式《えっぺい》のように見えた。

「私の声が聞こえますか」

最後列から、「聞こえません」と返事があった。

「聞こえませんは、傑作だ。返事があるのは聞こえている証拠だ。では、皆さん、寄ってきてください」

職員たちは、ぞろぞろと前に歩み寄り、さながら円陣のようになった。亀次郎得意の演説会スタイルだ。

「打ち出された敵の砲撃の破片が彼らの砲列に飛び散り、乱れ飛ぶようにするためには、市民の利益と県民の福祉をますためには、諸君の団結の力が必要である。市長はそれを確信している。一切のデマを粉砕して、くめどもつきぬ民族愛をもって凍結した外壁をうちやぶりとかしてみましょう。雪解けはやがて現れる。だが、手をこまねいて居眠りしていては現れない。太陽より強い愛情がいる。その愛情は知性と勇気によって支えられるであろう。祖国の同胞はわれわれを支持している。国際即ち反戦平和の勢力もこちらの味方である。前進しよう。ゆっくりと。だが断固として」

団結を訴えたあとは、挨拶回りである。

琉球政府主席、市議会議長、裁判所主席判事、地元新聞社、銀行……。当間重剛主席とは、丁々発止のやり取りとなった。

亀次郎「当間さん、人民党の非合法化を軍に進言したことはほんとですか」

当間「共産党であればということさ」

亀次郎「人民党は共産党ではないですからね。たとえそうであっても非合法化ということは結社の自由を否定するものですよ。市民的自由をおたがいで守り通しましょう、当間さん」

「人民党は共産党」と主張する当間に対し、亀次郎は「日本復帰党」だと反論した。バージャー米民政官と面会できるよう仲立ちを要請したが、当間は、「私は代行機関だから」と拒絶する。問題の資金凍結についても、銀行の意思であるとして事態打開に協力する姿勢を見せなかった。

亀次郎はつづいて琉球銀行を訪れ、預金凍結の解除を要請し、3日後には総裁の自宅にも行った。総裁は渋々話し合いの継続を約束したが、結局は「軍を承知させなければならない」と言い訳するばかりだった。

〈軍の圧力は、そうやすやすと取れるものではないのだ。瀬長個人の力の限界を知れ――と自分を深くいましめる〉（1月7日の日記）

だからこそ、亀次郎は〈今は市役所職員の結束を強めることだ〉（1月10日の日記）と自らに言い聞かせた。

亀次郎市政は、その一歩目から前途多難を思わせた。

アメリカの「水攻め」

アメリカは、市民生活に影響を与える嫌がらせに踏み切る。那覇市への水道供給を止めたのである。亀次郎は、これを「水攻め」と表現した。

水道が止まる前の日、市長就任10日目の1月14日の日記。

〈建設部長、水道課長を伴い、水源地とタンクの視察に出かける。現在自己給水量140万ガロン。軍給水量60万ガロンである。約200万ガロンあれば足りる。一年間で現在が一番カッ水（渇水）期である。政治的意図で断水しているとすればカッ水期をねらっていることになる。「水攻め」くるか、斗いは面白くなったようだ。彼らの水攻めに対する市民の抵抗は全世界的な抵抗運動に発展するであろう〉

〈体内にたくわえられた抵抗原が躍動を開始しつつある。ユカイである。この斗いを通じて民主主義と生活を守る解放の戦列はつよくなり広はんにひろがって行くだろう。県民よ団結しよう。苦しみを分け合って腕を組むのだ。９０００万祖国の同胞もたちあがっている。そのキタイを裏切ってはならない〉

しかし、さすがの亀次郎も、その翌日には揺れる心を吐露《とろ》している。

〈やはり市長になると水道が止まると気にやむ。4時ごろめがさめる。すぐ水道センをひねる。スースーいっているが空気しか出ない。水圧が足りないのだ〉（1月15日の日記）

珍しく弱音を吐き、街に出て市民と言葉を交わした。

「瀬長さん、アメリカ軍が〝水攻め〟するんだといってますがほんとですか？」

「いまのところはっきりせんが……水攻めときたら、瀬長市長を憎みますか？」

亀次郎がそう聞くと、中年女性からは、意外な答えが返ってきた。

「そうなったら井戸掘りましょう。アメリカの水でないからどうしても取らねばなりません」

亀次郎は、顔をほころばせた。

「よかろう、おばさん、しっかりたのむよ」

「瀬長さん、それで必死で廻り歩いているんですか。よしなさいよ、そんなこと気にかけないで、わたしたちは井戸を掘りますよ、最後には」

むしろ市民に勇気付けられる亀次郎であった。

それから約2週間。米軍の水攻めは続いていた。日記には、新聞記者から聞いたという情報が書かれている。

〈具志頭《ぐしかみ》村会はセナガが市長である間水源地をやらないと決議した、（中略）25日（金）アメリカ人が具志頭村にやってきてセナガ市長に水源地を与えない旨決議せよと迫ってかえった〉（1月27日の日記）

元那覇市職員で、当時水道局に勤務していた宮里政秋の、「水攻め」をめぐる記憶はいまも鮮明だ。

「当間前市長の時代に、具志頭村は那覇市へ水を引くことを決めていた。それなのに、瀬長さんが当選したら、バージャー民政官が圧力をかけて、瀬長が市長である限り、具志頭の水は那覇に引かない、と決議させたんだ」

その事実を知った亀次郎は、むしろ奮い立っていた。

〈水攻め！　80万県民は反撃にたち上がるだろう。9千万同胞は猛然と反撃にけっきする〉（1月27日の日記）

瀬長市長を支持する市民は、思わぬ行動に出る。天妃小学校を庁舎とする市役所に、市民の長蛇の列ができていた。

「おばあ、何しに来たの？」

順番を待つ老女に宮里が声をかけると、

「アメリカーが瀬長市長をいじめるから、税金を納めに来たさー」

おばあは、目をぎらぎらさせて怒った。列をつくる市民は、異口同音に「亀次郎を助けるのだ」と言う。

「いじめればいじめるほど、瀬長市政を守れと、市民は団結する。自然に自発的に納税に来る。各支所でも行列ができた。アメリカという専制支配者に対する抵抗の姿ですよ。全国的にも市民が納税運動を起こすなんて聞いたことがない」

このとき、納税率は飛躍的に上がり、97％にまで達したと言われている。「預金封鎖」という米軍の兵糧攻めでストップしていた公共工事も、これによって再開できた。

舗装されず、でこぼこの道は、米軍の嫌がらせによって整備されていない、と市民は理解していた。それを、市民は「瀬長道路」と呼んだ。

「ああ、ここも（舗装されてないから）瀬長道路だね」というように。

米軍は、さらに嫌がらせを続ける。

宮里によれば、市民が支払う公共料金を含め、那覇市のすべての入金について、銀行が預かりを拒否した。米軍が圧力をかけたのだ。

預かってくれないなら仕方ない。那覇市は、多数の金庫を買うことにした。カネは金庫に入れ、職員がその番をする。警備のため職員の飼い犬のシェパードも動員して、毎日交代で泊まり込んだ。

「このシェパードは噛み付かんのか？」

「いや、人民党員には噛み付かん」

そんな会話もあったと、宮里は笑う。それだけではない。那覇市の中心部を流れる久茂地《くもじ》川の浚渫《しゅんせつ》工事もストップしていたが、市民が現場に駆けつけ、着工にこぎつけた。宮里は言う。

「瀬長市長を敵視するということは、それを選んだ市民を敵に回すということ。それをアメリカは認識しなければならない」

亀次郎のもとには、実情を知った本土の人からも含め、５０００通にもおよぶ激励の手紙が寄せられた。宛て先に「那覇市楚辺」と、字名《あざ》まで書いてあるのはまだいい。那覇市とだけ書かれたもの、なかには沖縄刑務所隣、なんていう手紙もあった。それでも確実に自宅に届いていた。なかでも目を引くのは、差出人が匿名の手紙が多いことだ。

亀次郎と人民党の支持を表明することで、嫌がらせを受ける可能性もある。「一主婦」「一青年」「一学生」……など、それぞれに心情を伝える手紙だ。なかにはこんな一文があった。

「どんなに苦しくてもあなたを支持いたします」

次女・千尋によれば、５０００通の半分以上が本土からのものだった。亀次郎は市長に就任する前に「四原則貫徹住民大会」の本土派遣代表に選ばれ、多くの支援者、理解者と議論を重ねつながりを強めていた。先述のとおり、その行動は、すべて米軍によって監視されていたのだが……。

亀次郎が本土の支援者に宛てた手紙には、こんな表現がある。

「日本民族の誇りをもって領土主権の防衛と、祖国復帰反戦平和の砦としての那覇市政を守り抜き、更に此れを発展させるために斗うことをお誓いして」

日本民族の誇り、領土主権の防衛……政治的には、いわゆる「右派」と呼ばれる人たちから出てくる言葉ではないだろうか。保守か革新か、右か左か、というレッテルでは、亀次郎の政治スタンスは理解できない。沖縄の価値観と、本土の価値観は同列に語れない、と筆者は考える。資金凍結に対して、日記にはこう表現している。

〈日本国民の魂をもって自己資金で市政を運営する〉

〈売国奴をやっつけ市政の浄化をはかる　市民の自力で都市を建設することは必ずやりとげる〉

亀次郎の目には、占領を支持し、米軍の言いなりになる人々が、沖縄という、日本国の一部を売り渡そうとする許されざる勢力、と映っていた。

沖縄のために、日本のために、祖国復帰をめざす。日本人として。それが、瀬長亀次郎の信念だった。

「不信任」された亀次郎

「水攻め」が長引くなかで、亀次郎は市長就任後初の市議会を迎えた。琉球新報には「大荒れの那覇市議会　集中攻撃浴びる瀬長市長」の見出しが掲げられた。

米軍による資金凍結で、通常の予算は組めない。応急措置を重ねて組んだ予算の審議は野党の激しい攻撃にさらされた。

しかし、亀次郎の強気は変わらない。

〈彼らは反対すれば市民の反撃をうけることをかくごしなければならないし、可決すれば協力したことになる。面白くなってきたぞー〉（1月28日の日記）

議会の傍聴席は超満員で、さながら亀次郎の応援席となった。

米軍はさらに警戒を強め監視活動に力を入れていく。ムーア民政副長官がレムニッツァー民政長官に宛てた４月５日付電文には、

〈現在、那覇市長室と人民党本部に盗聴器を取り付ける計画が進行中。設置時期やその成否は、いくつかの要素にかかっている〉

とある。最大の敵と断じた亀次郎と人民党の動向を把握し、情報収集と分析を進めていった。

「暗黒時代というと、ちょっときつい言い方に聞こえるかもしれないけど、人民党員や人民党を支持する者はパスポートも下りないから本土に行けない。アメリカにたてつくと仕事もない。軍作業をしていても首を切られてしまう。監獄的支配と言えるんじゃないか。監獄的な専制政治だ。ほんとに監獄みたいだったよ」

そう宮里は言う。

宜野湾市伊佐浜の土地闘争に参加し米軍に逮捕された前原穂積は、こんな経験をしている。那覇の商店街を妻と歩いていると、突然、知らない人物に声をかけられた。

「前原穂積さんですよね？」

「はい」

「パスポートを申請されてますよね。考えはまだ変わりませんか？」

突然のことに前原が驚いていると、

「考えが変わったら言ってくださいね」

男はそう言い残して立ち去った。

ずっと尾行されていたのである。「転向」しない限り、パスポートは発給しないと警告するタイミングを狙っていたのだろう。多くの人が行き交う街中で、夫婦だけが立ち止まり、あっけに取られていた。

「お父さん、あの人知ってるの？」

「知らんよ……」

他にも多くの市民が、同じような経験をしていた。亀次郎や人民党を支持している、関係している、運動に参加している、ということがわかれば職を失う可能性がある。しかし、米軍が、どんな圧力をかけようとも、亀次郎の求心力はむしろ強まる一方だった。

米軍は、議会も操り始めた。

6月の市議会。米占領軍のトップ、バージャー民政官の指示を受けた「財界の大物」たちが、亀次郎派議員の説得、切り崩し工作を仕掛けていた。

〈儀武息睦《ぎぶそくぼく》など8名組に対する圧力が加わっている。

ある財界の大物など息睦の家を訪ね、夜の11時まで不信任案に同調する旨説得。崎山議員も元楷《げんかい》議員もすでに八、九部通り同調している。金ユ（融）協会は再び非協力声明を出し、融資はもとより預金も受けつけないことを申し合わせ泉議員へ手渡すことになっているともつたえた由〉（6月10日の日記）

〈（仲井真）元楷動揺しているようだ。又敵陣営からの切崩し工作がはじまっている。民政官から2回も呼ばれたという。（中略）あぶないものだ。彼が中心人物であり、彼さえ動かせばなんとかなると考えているらしい。又動揺性のつよいのも彼である。（中略）矢張り（中略）守ってやらなければなるまい〉（6月11日の日記）

市議会のキーマンと目されたこの仲井眞元楷市議は、前知事・仲井眞弘多《ひろかず》の実父である。自分を追いおとそうと暗躍する仲井眞に対して、亀次郎は「守ってやらねば」と寛容だった。仲井眞は、その弱さゆえ、占領軍から与えられた役どころを演ずるほかないのだと理解していた。

しかし、肝心の仲井眞元楷は、亀次郎の温情を知ってか知らずかバージャーとの連携を強めていった。

〈仲井真元楷は盛んにバージャー民政官と連絡をとって佑直その他の動揺議員内部かきくずしを策謀している〉（6月16日の日記）

6月17日午前10時30分、本会議が始まる時間だが、仲井眞元楷の姿がない。どうやら、この時間にバージャー民政官、琉球銀行総裁に面会していたようだ。

仲井眞は11時すぎにようやくあらわれると、泉正重議長と目で挨拶、議長は手まねで「昼食後にしよう」というような合図を送った。

午後になると、1時の開会と同時に、仲井眞は突如、「議員緊急動議」と「市長不信任案」を上程し24名の反亀次郎派議員の氏名を読み上げた。バージャーと仲井眞は、不信任決議によって亀次郎を市長の座から引きずり下ろそうとしたのだ。傍聴席にすずなりになった1500人以上の聴衆からは、「もう承知しない！」と怒声、罵声、手笛口笛の騒乱となった。

「市民を裏切るな」

「お前の方こそハラを切れ」

当日の那覇市議会議事録に基づいて、経緯を再現してみる。

議場で仲井眞が発言した。

「議事日程の追加ならびに順序変更に関する緊急動議を提出いたします。

（「賛成」と呼ぶ者あり）市長不信任案について緊急に処理しなければならないと考えます」

不信任案提出の理由を仲井眞が述べる。

「今日、沖縄の産業、経済、文化等の各面の復興は那覇市を中心として動いているが、瀬長亀次郎氏が市長に就任してから６ヵ月間、所謂資金は凍結されて都市計画事業は中止されている。今期議会の予算に民政府補助金と起債が歳入として組まれているが、この見通しは断たれた。

これは、財政計画として大きな見込み違いである。市政は予算によって裏付けられ現実に市民の福祉を招来するものでなければならないし、民主主義の根幹もこれである。

市民生活の根本問題として都市復興事業に支障を来すことは市政担当の最高責任者として不適当だと謂える。依って瀬長市長を不信任し、連署して不信任案を上程いたします」

議会は、不信任案に対する反対、賛成討論に入る。まず、不信任に対する反対討論に儀武息睦市議が立った。

「合法的な公選によって当選した市長を一部財界人の圧力によって就任六ヵ月で辞めさすと云う事は、選挙した市民の意思を蹂躙《じゅうりん》することになり是程非民主的な事はない。不信任の提案権は我々議員に与えられた特権ではあるが市長は就任後着々として市政を刷新し明るい那覇市を作るべく努力しつつあることは否定出来ないであろう。（中略）就任六ヵ月で何の瑕疵もない市長に不信任を叩き付けるという事は筋が通らない。（中略）不信任に対して真向うから断固として反対する」

（「そうだ頑張れ」と呼ぶ者あり、拍手、議場騒然　聴取不能）

つづいて渡口麗秀《とぐちれいしゅう》市議による賛成討論が行われた。

「この度びの資金凍結は特殊な政治的現象である。何故この現象が起ったか。その原因を作ったのは瀬長市長である。その原因を取り除くこと即ち瀬長市長を退陣させる以外には資金凍結、都市計画事業を再開する方法はないと確信するので那覇市永遠の平和と繁栄のため不信任案に賛成するものであります」

保守派の議員と経済界は、亀次郎不信任でまとまっていた。このあとも、議事録には「議場騒然」の文字が頻出、あわせて12回に及んだ。混乱の中で採決に進んでいく。

その直前、賛成討論が終わったところで、議場の混乱が議事進行に支障を来しているという指摘が出て、議長は、「明らかに計画的な議事妨害」と断じ、傍聴人の退場を命じた。沖縄タイムスには、傍聴の市民から渡口に対し、

「家に火をつけてやる!」

　と物騒な怒声まで飛び出した、とある。

「不信任に賛成の方は挙手願います」

　また議場は騒然となった。「挙手したやつの写真を撮れ!」という叫び声も飛ぶ。

　挙手したのは24人。ついに、瀬長市長不信任案は可決された。動議から30分以内の出来事だった。

〈大衆は議員を議場から出さない、殺せの声もきこえる。騒乱を起こしてはならんので、マイクの前に立ち不信任の意義を説明し、彼らが基地権力者のつかい走りの役目を果たして打ち立てられた那ハの明日をハカイするものであることを強調。24名議員の売国的行動を断固として許さず、祖国復キセイ力のとりでを守るために来るべき市議センには24名をたたきおとせと訴える〉(6月17日の日記)

　市長就任からわずか5ヵ月の亀次郎は、当然、議会解散に踏み切った。

「アメリカと沖縄財界人たちの圧力に負けた、この屈辱の議会に、解散を命じる」

「何一つ悪いことをしていなかったにもかかわらず、財界や軍の威力をかさに着た24名の議員によって私は不信任された。近く市会議員選挙が行われるが、一人でも彼らを当選させると那覇市は暗黒になる。私は次の市長選挙にも立候補する」

命も惜しくない

8日後。首里の淡水プール広場で、市政報告会が開かれた。

夜7時半に始まった集会は、次から次と弁士が登壇し、ようやく亀次郎に出番が回ってきた頃には11時近くになっていた。

10時を過ぎたあたりから、「大豆のような雨」(6月25日の日記)が落ちてきたが、それでも、1万の聴衆は誰一人帰ろうとしない。亀次郎は言った。

「市民のみなさん、雨をよけて聞いてください。私は壇を移動するわけに参りませんから、雨の中でやります。どうぞゆっくり聞いてください」

沖縄特有のスコールで、聴衆も亀次郎もびしょぬれになっていた。日記には、〈壇をとりまいてギッシリ1万の大衆が市長をとりまいて了った〉とある。その光景に、亀次郎は「この市民のためだったら命も惜しくない」という気持ちがわいてくるのだった。

集会の最後は、万歳三唱。

〈売国勢力をうちくだき市民の生活を守り民主主義をうちたて日本の独立と平和のために、日本復キ勢力のとりで那覇市政を守るために11万市民の万才!〉

市議選は、亀次郎と米軍が雌雄を決する戦いとなった。

亀次郎を支える「民主主義擁護連絡協議会」いわゆる民連と、反亀次郎派の「那覇市政再建同盟」が真っ向からぶつかった。亀次郎は、連日連夜演説会に出席して聴衆に語りかけた。再建同盟との立会演説会では、「ハーバービュー広場」に10万の聴衆が詰め掛けた。

広場にはいま、ホテルが建ち、その景観を大きく変えている。周辺は多くの住宅やビルが建ち並び、名前のように港（ハーバー）を望むことはできなくなっている。

立会演説会は、「地球を揺るがす」（7月27日の日記）ほどの拍手と歓声に包まれた。この日、亀次郎は「弾圧と干渉は抵抗を呼ぶ」と題する演説を行った。後年の「弾圧は抵抗を呼ぶ　抵抗は友を呼ぶ」という名セリフの原型がここで示されていたのだ。

翌日の演説会は、さらに熱を帯びた。

演説会が終わっても大衆はまったく動かない。

仕方なく、亀次郎は大衆の中に飛び込んだ。大勢に抱え上げられ、両腕を摑まれて、わっしょいわっしょい、とまるで神輿《みこし》のように運ばれた。

「万歳！」の声につつまれて、車にたどり着いたが、車内から求められるままに手を出し、握手を続ける。運転手はエンジンをかけていないが、車が前に動き出した。車をおし上げ、気がつくと、1キロの道を人力で移動していた。

〈大衆の力の偉大なこと、負けるもんか、カメさんしっかりの声におくられ家についたのは12時近く〉（7月28日の日記）

そして迎えた市議選の投開票。亀次郎派が躍進を遂げた。反亀次郎派が依然過半数を占めたが、不信任案成立の要件である3分の2には達せず、民連は勝利宣言を行った。

亀次郎も会見でこう語った。

「開票の結果は予想通りだが、中立派と信任派を加えた得票数と再建同盟の得票数が大差ないということは、11万市民が市長不信任を不当であると認めた証拠であり、これに対する抵抗の現われだと思う。

これで合法的にも不信任案が絶対に通過しないことが証明された。選挙を通じて感じたことは先の市長選挙の時は文書による脅迫だけだったが、今回は2回にわたり演説中に暴力を加えられたことである。私は市民の意志に基いて公約した政策を、ゆっくりおちついてやり遂げたいと思う。さらに、琉銀その他融資や預金の拒否をした人々が、この市民の意志によって従来の政策を変更することを期待する。またアメリカ民政府も那覇市政に加えた直接、間接の非民主的仕打ちをやめ、今後民主主義を実施することを期待する。さらに、日本民主平和団体から寄せられた精神的、物資的支援が今回の勝因になっており、祖国復帰と土地防衛のための基盤があざやかに築き上げられたと、はっきりいえると思う。最後に、人間として不当不正に対しては、頭を下げないような政治を、日本国民として誇りをもって市政を運営していきたい」

このとき、前出の真栄田義晃、仲松庸全ほか、民連から出馬した13人のうち12人の候補が当選している。一方、バージャー民政官と盛んに接触し、不信任案を緊急上程した仲井眞元楷はあえなく落選した。新聞の「憂色に包まる再建同盟」の見出しが印象的だ。

市議選に勝利した亀次郎は、その祝賀会の挨拶で、当選した民連の市議たちをガジュマルの木にたとえ、こう呼びかけた。

「12の、市民を嵐から守るガジュマルをあなた方は植えつけた。植えつけたばっかりだ。だが、その根は市民の台所にしっかりと抱きついている。ガジュマルのうっそうとしてしげってつくりだしている木陰は、こよなきいこいの場所である。

17名の同盟議員が戦いつかれて休ましてくれと頼み込んだら、否、頼まんでもつかれているなと見て取ったら、誘い入れて休養させなさい。水でも飲ませてください。そして説得するのですよ、ガジュマルになれと。そうすれば、これまでの非を悟り、やがて30のガジュマルが11万市民の生活と民主主義を嵐の中で守り抜く態勢をとれるのだ」

南国沖縄に生息するガジュマルは太い幹から気根を垂らし、新しい幹になり、さらにひろがっていく。根の張り方がきわめて強く、家をも壊してしまうため庭に植えるものではないといわれる。ガジュマルの木陰に入れば、太陽がぎらぎらと照り付ける真夏でも、光の強さを忘れ、島風を心地よく感じる。

そのガジュマルを、亀次郎は「どんな嵐にも倒れない、まるで沖縄の生き方のようだ」と言ってこよなく愛していた。ガジュマルという木には、亀次郎が多用した「不屈」という言葉と相通じるものがある。

市議選で戦った「再建同盟」は、敵ではない。ガジュマルという名は「風から守る」が変化したものという説があるが、亀次郎は、民主主義を脅かす「民主主義の国」アメリカという嵐から市民を守るため、「民連」も「再建」も一丸となって同じガジュマルになるべきだと訴えたのだ。次女・千尋は語る。

「普通なら自分を苦しめた人が落ちてよかったと思うでしょ。そうじゃなくてこの人にも手をさしのべて一緒にやろう。水を飲ませて、休ませてと、これが亀次郎の気持ちのあらわれ。こういうところが違うなあ、と思って。

いい気味だとならずに、相手を思う。この人たちは敵じゃない、この上にアメリカがいて、させられている、ということがわかっている。敵は目の前の人じゃない。なぜ、沖縄の人同士が争わなければならないのか、ということ。いまの翁長知事が、私たちが分断されて、上で笑っている人がいる、と言っていたけど、似てるな、と思いましたね」

「欠席戦術」で抵抗

亀次郎派躍進の市議選の結果にも、アメリカや反亀次郎派が、簡単にあきらめるはずがなかった。新しい勢力図になった市議会が始まる4日前の9月6日の亀次郎の日記に、その後議長となる高良一《たからはじめ》と会談した際の様子が記されている。高良は、

・反亀次郎派は全員、議長に自分を推している。亀次郎派も自分を推してほしい
・副議長には、6月の議会で不信任案賛成討論を行った渡口麗秀を、と強硬派が主張を譲らない
・米軍は前議会のような干渉はしない。伸ばせるだけ伸ばして時間を稼げ、保守統一候補を決めよと激励、叱咤している
・不信任の前に二人で市長退陣の時期を決めよう
・軍は瀬長でなければ誰でもいいといっている、軍は公職選挙法を改定してセナガがでられんようにすることに大体決まっている……

など、亀次郎に、米軍や反亀次郎派の意思を伝えた。亀次郎は、

「あと3年殺されてもやめんから心配するな」

と返している。仲井眞元楷は落選したが、新たな米軍の意思伝達者が生まれていた。


9月10日、市議選後初の議会が始まった。議長はじめ反亀次郎派は、どうしたら亀次郎を

追い出せるか、それだけを考えていたと言っていい。不信任案を可決させるために、どのタイミングがベストなのか、チャンスを窺っていた。

副議長に就任した渡口麗秀が意外なタイミングで動く。

就任の挨拶の途中で、渡口は、突然緊急動議を提出。その動きを察知して、人民党の那覇市議になっていた仲松庸全が叫んだ。

「(渡口の) 副議長挨拶になって、立ちあがって挨拶を始めながら、後ろのポケットに手をのばす。それが、私には見えていたんです。紙を出す。その紙をたたんだ。その瞬間、不信任案だ! と叫びました」

亀次郎派は、一気に議場の外へ飛び出す。

「窓という窓に鈴なりとなって、体を乗り出して議会を見ていた」市民たちが、その手助けをした。仲松の記憶では、こんな様子だった。

「同志は外へ飛び出す。私だけ飛び出せなかったんですよ。奥にいたから。そうしたら、後ろの窓から、鈴なりになっている人が引っ張って出してくれた。早読みで副議長は、動議を出したが、われわれのグループは外へ出ているから成立しない。一人でも (要件の) 3分の2を超えないように、欠席戦術です」

仲松の隣席は、沖縄相撲出身のベテラン議員だった。傍聴の市民が、仲松を外へ出そうと引っ張りあげると、その沖縄相撲出身議員が仲松の足をつかんで離さない。

仲松は、もう片方の足で蹴飛ばして飛び出した。「暴力的な議会だった」と仲松自身が振り返る。仲松は、議員になって初めて書いた抗議決議文「議場における議員の生命の安全と行動の自由についての決議」のタイトルだけは決して忘れられないという。

亀次郎の日記にも、その日の様子が克明に再現されている。

〈あせりたけくるった不信任派は渡口麗秀議員を先頭に口火を切った。副議長に当選したそのお礼の挨拶をかねて緊急動議を出した。民連議員は、それをうけとめるため一斉に退場。4、5名の議員は不信任派の実力行使により身の自由を拘束された〉（9月10日の日記）

その結果、民連の議員が全治1週間の打撲の傷を負ったという。

結局、亀次郎派の議員の退場で、動議は成立しなかった。その日の琉球新報夕刊には、事の顚末が書かれている。

〈「緊急動議！」渡口議員が口を切るが早いか、12名の与党議員はパット立上り、窓に近い席にいる議員は窓から、傍聴席に近い議員は傍聴席に飛び込んだ。時刻は丁度十一時十分……野党議員は総立ちとなってこれら与党議員の退席を阻止しようとしたが、与党側は体当りでこれをはじき返すというラグビーさながらのもみ合いのうちに十秒後には十二名の与党議員は全員議場から姿を消していた。満場騒然となって野党議員が何か叫んでいるが聞えない。傍聴席に逃げ込んだ与党議員が「こんなばかなことがあるか」とどなっているのが聞えてくる……〉

亀次郎派からは、副議長就任の挨拶の途中で緊急動議を渡口が出したことに、「常識を逸している。民連側が即時退場をしたのもやむを得ず取った措置である」と批判の声が噴出し、動議を出した渡口も、

「民主主義を重んずる人なら当然不信任案を受けて立つべきだ。開会中議場外に飛び出すという、議員としての権利義務を自ら放棄するようなことは民主主義の発展の上にも大きな悪弊を残す」

と応酬した。新聞紙上では、亀次郎派、反亀次郎派どちらに理があるかの論争が続いた。

〝6月の不信任案可決、解散を受けた市議選で多数を得たのは、反亀次郎派であるとして、亀次郎は辞任に値する〟

〝不信任案可決に必要な議会構成にはならなかったとして亀次郎に辞任の必要性はまったくない〟

双方の言い分は真っ向から対立し、有識者含め読者、市民をまきこんでの大論争になった。また、亀次郎の不信任を回避する為に少数与党が続ける欠席戦術は合法か非合法か、も論点となっていた。

火を噴く論戦

亀次郎派の民連は１週間後、議長に理由書を提出し以下のように説明した。
「適法によって選ばれた市長に対し、権力と金力の支配にしたがって不信任しようとするのは自治体の自殺行為であり、民主主義の原則に反する。だから、かかる不信任を阻止するためには、合法的なあらゆる手段をとることは当然である。現状では、かかる場合、正当防衛の手段としては不信任議題に関する限り退場するというしかない。（中略）現在不信任動議は触発的時限爆弾化しており、吾々が議場に出席すれば、審議をつくさず、数秒で採決にもっていくことは初日の状況にてらして明らかである。（中略）不信任動議の結果について、貴職に質問したことに対し、議会運営に責任をもつべき貴職から何等回答もなかった。このことは民主主義の精神を無視し、抜き打ちに不信任の動議を提案するという危険性が益々濃厚となったと断ぜざるを得ない」

亀次郎は、同じ日に施政方針を発表した。

６月議会に提案した１９５８年度予算の90％以上が自己財源で、米軍の補助金や琉球銀行の融資がなくても最小限の事業は完成できるとして、都市計画事業とその進め方を説明、改めて土地を守る四原則を示した上で、軍用地料の一括払いの強行は国際条約違反であると強調して、こう結んだ。

「戦災復興都市計画事業を完遂する立場から云っても、既に押しつけられた一括払い反対、適正価格の毎年払い要求の市民の叫びを具体化する意味から考えても、更に平和と民主主義と市民の生活を守り、日本民族の独立を斗いとる面から考えても、沖縄の祖国復帰の実現がどんな那覇市政の運営と不離一体の政策となっているかがわかる。否むしろ市政を貫く基本政策が沖縄の祖国復帰の実現にあることが立証される。

したがって、那覇市政の運営がどんなに多難を予想されようとも市民の生活を守るために、祖国復帰の実現に対しては考えられ得る一切の平和的手段と方法をとる。法と人道と正義は、不正と非常識きわまる干渉や圧迫をはねかえすために行動する者の絶対の味方であるという確信にみちて今後の市政を運営していく覚悟である」

これに対し、反亀次郎派は、「施政方針を聞く必要はない」「プリントを配れ」と突っぱねる。双方まったくかみ合わず、市議会は混乱を極めた。

反亀次郎派は亀次郎を追い出すため、あらゆる手段を弄した。

那覇市職員の退職者の年次休暇分の給与が未払いになっているとして、労働基準法違反で市長を告発した。一方の亀次郎側は、前の市長時代にも支払われておらず、就任後すでに予算化されており、告発は政治的陰謀と反論した。

さらにその7日後（10月21日）、野党側は予算案を、人民党の党勢拡張のためだと決め付け、全面否決した。

〈専決処分のキの熟するのを待って抜き打ち戦術をとるか。解散でいくか。法の精神をいかし、政治的、社会的えいきょうを総合し、市民の利益をまず考えて一切の作戦をねることだ〉（10月24日の日記）

亀次郎は、冷静に事態を見つめていた。

このまま予算が執行されなければ、市民生活に影響が出る。再び議会を解散することも可能だったが、亀次郎は、「議会の態度は市民の福祉に反する。断行する以外道なし」として、予算の専決処分にふみきった。

専決処分とは、本来なら地方公共団体の議会が決定すべき事項（予算や条例など）を、首長が議会に代わって自らの権限で処理することで、地方自治法の規定に基づき、特定の場合に許される。しかし、政府側は専決処分は違法との見解を発表し、反亀次郎派も処分無効の訴えを起こすことを決めるなど、応酬が続いた。

結局、訴えは退けられ、亀次郎に軍配があがった。反亀次郎派は、次第に手詰まりになっていった。

議長の高良は再度亀次郎を訪れ、市長選で亀次郎が公約としていた「真和志市《まわしし》」との合併についての話し合いをもちかけた。公約の実現と引き換えに退陣を呑め、というのである。

亀次郎は、

「予算を全面否決しておきながら合併とは何事だ。しかも吸収しようとは、市民をまたばかにするつもりか」

と正論で対抗した。日記には、「正しいものは必ず勝つ」と、あらゆる攻撃に揺るがない意思を書き残している。

予算の専決処分をめぐる攻防と並行して、別の嫌がらせもあった。亀次郎を支援する日本労働組合総評議会＝総評から、「市民集会所」建設のためのセメント、木材、鉄筋などの資材が送られてきた。ところが、琉球政府が「瀬長市長には協力できない」として、その資材の輸入を許可せず、引き渡しを拒否したのだ。前出の宮里が振り返る。

「当時は、市民会館もなかったから、小さな集会、学習会や結婚式ができる場所をということで、本土の皆さんの温かい支援で送ってくれた資材だった。それをアメリカの言うとおりになって、税関業務をせずに、港に雨ざらしですよ。われわれは港湾に行って、抗議して引き取ってきた」

亀次郎も港に山積みとなった資材を見に行っている。

〈沖縄の皆様へ、総評とふきつけて木材やセメント、鉄キン、ブロック、ベニヤ、サッシュなど山とつまれている。この愛情の完結をトーマはふみにじっているのだ。ゆるせない行動

である〉（10月24日の日記）

亀次郎は当間主席のもとを訪れた。

「もういい加減にして、総評の資材を那覇市民へ渡してくれませんか。当間さん、あなたはこんなケースを許可したら将来続々と物資が入り込んでくる恐れがあり困るといったね。総評には感謝するといいながら、自らそれを否定しているではないか」

「そんなことありませんよ」

「あれは那覇にではなく、全沖縄への救援カンパですよ」

「市会が決議すれば考えよう。君は名義を高良議長に変えてもいいと言っているそうだが」

「高良でもよし、太郎でも次郎でもかまわん」

「私は勝ちました」

いっこうに亀次郎を追放できないことに業を煮やす米軍は、最後の手段をとる。実は亀次郎は市議会初日の日記に、すでにこう記していた。

〈連中は、もう一つしかない手を考えだした。即ち、不信任成立と同時に布令を出し、市町村長センキョ法を改悪して刑ム所の経験あるものを一切公職につけないような欠かく条項を設けて、セナガが立候補できないようにする〉

〈セナガさえ立候補できないようにしさえすれば万事はＯＫである〉（9月10日の日記）

11月23日、米軍はついに布令改定に踏み切った。

市町村自治法では、これまで不信任案の議決は、議員の3分の2の出席が要件であったが、これを過半数の出席に緩和した。これにより、与党議員が欠席戦術に出ても、残りの反亀次郎派の議員で不信任議決が可能になった。

さらに市町村議会議員及び市町村長選挙法で、立法院議員の選挙だけに適用されていた欠格条項の破廉恥罪をすべての選挙に適用することとし、不信任されたら最後、亀次郎は、投獄された過去を理由に被選挙権も奪われることになった。つまり、二度と復活できないようにアメリカは強権を発動したのである。

この布令改定は、翌日発表された。ムーア高等弁務官は、布令の改定に際して声明を出した。

「琉球の首都であり、最も人口の多い那覇市において民主政治なるものが行き詰まりにきたのは誠に不幸なことである。

瀬長市長の偽の政治力は、しばしば自認している神聖な民主主義理念によるものではなく、人間が作った法律にある数々の重大な技術的欠陥によるものである」

そして、沖縄の内部からの力が働いていたのだと強調する。

「意外にも多数の沖縄の方々が個人的にまたは書簡でもってもしくは新聞紙上を通して高等

弁務官が効果的な処置をとるよう要請した。最近、市町村会の会長並びに副会長、那覇市議会その他、多数の民間団体の代表者からも、その仲裁を要請した署名入りの陳情書があった」

「沖縄の指導者や代表者の方々と綿密なる相談の後、米国政府が沖縄の皆様に対してその責務を適切に果すためには早急に矯正措置をとらざるを得ないものとして決定したのである。それで、高等弁務官は遺憾ながらこの処置をとった」

米軍の強権発動が、沖縄内部の反亀次郎派と連動していたことは否定できない。この、いわゆる「瀬長布令」が明らかになったとき、亀次郎の姿は市民運動会にあった。運動会には、政府、銀行、有力建設会社の関係者は参加していない。運動会が終わると、記者が亀次郎に、布令の写しを見せコメントを求めた。

運動場では取材対応できない、と亀次郎は、記者たちを市長室に集め、そこで、あらためて写しを見てコメントした。

「弁務官の布令改正指示は、これまで〝民主的ルールに従って選出された那覇市長の問題は、住民の手で解決すべきであり、米国としては、沖縄の基地の治安を乱すことがない以上、自ら手を下すことはしない〟という宣言がウソであったことを証明するものである。弁務官の長い声明をみると、〝われわれの手ではどうすることもできないので、弁務官の権限で善処してほしい〟という要望があったというが、これは十ヵ月余の間那覇市政に圧力をかけてきた当間主席、財界のもとにある再建同盟派議員の陳情によったというが、全県民はこれと反対の動向を示している。弁務官はこの布令改正で一時は自分の意図することを達成することができようが、全県民、祖国の同胞が反撃を加えることと確信する」

「市長追放の祝杯はやがてにが汁と変わるだろう」

そう言い残すと、運動会の役員や市の選手らとの会合に出席して運動会の成功を祝し、労をねぎらった。

その場で、追放指令が午後4時に出されたことを報告するとともに、こう語りかけた。

「今晩は、そんなことにこだわることなく心ゆくまで飲みうたい、輝かしい未来のために祝福してもらいたい。勝ったのは追放された市長であって弁務官ではない。元気を奮い起こせ、今こそ日本人の魂を遺憾なく発揮する秋《とき》である」

会合が済むと、その「未来」に向かう亀次郎がいた。自宅に民連の兼次佐一《かねしさいち》を呼び、後継者となるよう説得する。

「兼次くん、決意しなければならない。第二、第三の瀬長を出して弁務官指令に応えるのだ。弾圧はより以上続くであろうが、心を一つにして闘っていこう。君でなければ市民は承知しない。よく考えてくれ」

その夜、帰宅した亀次郎が家族に見せたのは、笑顔だった。日記には家族の様子も書かれている。

〈文もひとみちゃんも元気だ、そうでなくてはならん。いまセナガがガッカリでもしようものなら市民はどうなる、県民は、又あれほど熱援をおくった祖国同胞になんとこたえるのだ〉

そして、その日の日記をこう締めくくった。

〈さあ、斗いは新しい段階にふみ込んだ。頑張れだ〉（11月24日の日記）

翌25日の朝刊には、「瀬長市長　楽しい運動会もフイ」という見出しが躍ったが、本人の心持ちはまったく違っていた。

市議会は、６月の再現のようになった。５００人の傍聴人が見守る。高良議長は、「拍手、ヤジは法により禁じられている」と傍聴人を牽制した。開会と同時に、渡口が緊急動議の形で不信任案を提出し、８月の市議選の結果はすでに市民が瀬長市長不信任の判決を下したものであるとして、こう読み上げた。

「瀬長市長は、この那覇市民の厳粛なる判決を無視して、市町村自治法の盲点や不備を衝き、欠席戦術および専決処分の行政行為によって、独裁政治の毒牙を伸ばしつつある現況であって、このまま放置するにおいては、那覇市民の福祉増進に重大なる支障を来すことは言をまたない。那覇市民の意志を尊重して、民主主義を守り、共産党及び人民党の陰謀を撃破して、那覇市永遠の平和と繁栄に寄与するために瀬長市長を不信任する」

布令が改定されたため、不信任議決の要件は容易に満たされる。怒声、罵声が議場を包むなか、採決へ移った。

瀬長亀次郎市長不信任案は、16対10でふたたび可決された。布令改定により、今回の可決はそのまま亀次郎の追放を意味する。

不信任案が言う「那覇市民の意志」とは何なのか、「民主主義」とは何なのか。亀次郎は、記者団にこう述べた。

「沖縄県民及び日本の同胞は直接民主主義のルールによって選ばれた市長を高等弁務官によって追放されることの本質を見抜いているだろう。市民、県民を含めての日本国民は基地沖縄を解放、日本の領土の一部として即時返還要求運動をこれを契機として猛然と展開されなければならない。沖縄が基地としての姿から完全に独立するまで断固戦うことを誓う」

そして、こんな言葉を残して市役所を去った。

「那覇の自治体は、外部から干渉されるべきではない、ということは法の大原則である。なぜ（アメリカは）狼狽したか、あわてふためいたかというと、アメリカから援助は受けないでも琉球銀行からカネを借りないでも、12万那覇市民の自己財源で、十分市政をまかなっている基本的態度が58年度予算に表れた。それが一番怖い。なぜかというと、これまでアメリカは沖縄を援助する、そして復興させるといっていたが、彼らの援助は要らないということが、那覇の市政で初めてわかるようになり、全県民が知り、日本の全国民が知ったら、基地権力者のアメリカが痛い。基本政策が破綻を来す。

この追放指令によって瀬長市長を追放するのは可能である。だが、可能でないのが一つある。祖国復帰しなければならないという見えざる力が50日後に迫った選挙においてやがて表れ、第二の瀬長がはっきりと登場することをここに宣言しておく」

第二の瀬長――その日の日記には、不信任を決議した市議会に対する皮肉と、闘志を書き込んでいる。

〈もうおれ達の手でセナガを市長の椅子から追放することは不可能になりました。青い目の親分たのみまっせ！　だ。お正月にはいいプレゼントをあげますからね。目を皿にしてまっておいで〉（11月25日の日記）

さらに日記には、その夜に送別会が開かれたことが書かれている。

〈部課長と一ぺんもそんな席にいたことのない大湾収入役まで参加して、7時からひさごで送別会のようなのが催された。みんなほがらかである。あまり急なので市長がやめるという実感はないらしい、それでよいのだ〉（11月25日の日記）

清々しささえ感じさせる亀次郎の姿が、ここにも見える。

追放翌日の11月26日。ふたたびハーバービュー広場で、亀次郎追放に抗議する市民大会が開かれた。10万余の群衆に、亀次郎はこう呼びかけた。

「私は勝ちました。アメリカは負けました。第二の瀬長を出すのだ。それが布令に対するこよなきプレゼントになるのだ」

後継指名した兼次が出馬する市長選が、年明けに迫っていた。元市職員の宮里も、集会に駆けつけていた。

「瀬長さんは、追放されてもう負けました、なんて一言も言わない。瀬長は勝ちました、アメリカの非民主的なやり方、暴挙には、必ず県民、国民が騒ぐ。そのときが来る。勝ったのは私だ、と言った。あのときは感動しました」

そう語る面持ちは、いまも興奮しているかのようだった。

「水攻め、金攻めで、県民が瀬長を守れというなかで追放されて、はあ……となるか、と思ったら、アメリカの不当な専制支配に立ち向かった市民とともに、瀬長市政は勝ちました、と、こんな演説だった」

仲松は、亀次郎が「勝った」という意味をこう理解している。

「アメリカは正々堂々と私と対決することができないで、権力と弾圧で追放した。これは、私が正義である。民主主義者の証明である。人間的に勝利したという意味ではないでしょうか。すごいですよね」

追放から3日。那覇市議会は、亀次郎が公約に掲げていた真和志市との合併を決議した。反亀次郎派は、合併実現と引き換えに亀次郎の市長辞職を迫っていたが、追放したとたんにすんなり、その公約を実現させた。

一方、同じ日、正式に兼次が亀次郎の後継候補に決まった。応援演説の亀次郎に「がんばってください、市長さん」と涙ながらに声をかける市民もいたという。亀次郎は日記に、自分が笑うと市民が泣くから困った、と書いている。

ついに亀次郎追放に成功した米軍も、沖縄の市民感情を意識していた。

「否定的な反響は、共産主義寄りの団体や組織の枠を超えて広がっている。瀬長は共産主義者というより民族主義者とみなされている」（１９５７年11月27日付マッカーサー駐日大使発ダレス国務長官宛電文）

激動の一年の最後、12月31日の亀次郎の日記には――。

〈この一年は全くユカイな年であった。アメリカのよろめきを全世界に暴露したことだけでも実に有イギな年であったといえよう。

この一年、ずいぶん悪口もいわれ、デマも飛ばされ、正にインサンに近いほどの圧迫の中で自分をキタエてきた。感想はキカレたら直ちに言える、働くものの団結のみが民族解放の力であると。この一年はそのことを完全に証明した。一巻の書になるほど市民を含めた沖縄県民は抵抗力を示してくれた。「沖縄の抵抗」やがては日本歴史の一頁を費しサンゼンと光彩を放つであろう。祖国の平和と独立勢力の支援と民族的連帯の強さ！　さあ皆さん、ますます勇気をふるいおこして原水爆基地権力者を追放するための民族的大事業におちついて、ほがらかに進もうではないか、１９５７年よ　さらば――〉

亀次郎・50歳。

区切りの一年は、こうして幕を閉じた。

市民が下した決断

年明け4日は風が強く、寒い一日だったが、市長選の立会演説会に10万人がつめかけ、亀次郎は兼次の当選と祖国復帰を訴えた。

この日の写真が、沖縄県公文書館に保管されている。壇上で指を指して演説している亀次郎。大衆がそれを取り巻き、どこまでもどこまでも広がっている。米軍による亀次郎追放劇が、どれほど市民の感情に火をつけたか。この写真にはそれが表れている。

ポスト亀次郎の市長選には二人が立候補したが、その二人とも、「革新」を名乗る構図になった。

亀次郎が指名した兼次佐一は社会大衆党を飛び出し、民連の統一候補として出馬した。もうひとりが、保守・民主党が推薦した平良辰雄だった。社大党は、これといった候補者が見当たらず苦し紛れに乗っかる形で平良を公認していた。

1月12日の投票日——。

兼次佐一　3万5491

平良辰雄　３万４５０７

９８４票の差で、接戦を制したのは、兼次だった。

当時の映像には、市民と万歳しあう亀次郎の姿が残されている。まるで、亀次郎が当選したかのように喜ぶ市民。当選御礼と書かれた紙が貼られた車で市内を凱旋《がいせん》する亀次郎と兼次の姿もある。ここでも主役は亀次郎だった。亀次郎はこの結果を、

「歴史は正しい者が必ず勝つ。正しくないものは負ける、必ず報復されるという鉄則どおり進むと考えている」

と総括している。前回の市長選で痛い目に遭った米軍は、兼次には亀次郎ほどの人気がないとの見立てもあり、あえて介入を避けていた。しかし、投票率は70％に達し、瀬長市長追放に対する民衆の怒りは選挙結果となって表れた。敗れた平良がこんなコメントを残している。

「自治法改正布令に対する住民の怒り、反米意識がいかに根強いものであるかの証拠だと思う。この結果によってアメリカは今度こそ深く反省すべきだ」

本土の３政党も、以下のような談話を発表した。

自民党「平良氏の敗因のひとつは瀬長前市長を米軍が追放したことである。那覇市民はこれで感情を害した。米軍当局及び米政府は那覇市民や沖縄の人々の気持ちをもっと大局的見地

から考える必要があるのではないか。このような事態を機会に那覇市民に希望を持たせるよう政治を確立する必要がある」

社会党「那覇市長選の特徴は米軍一辺倒の純保守派からは立候補さえできず、占領軍政に反対する革新派同士で戦ったところに大きな政治的意義がある。長年にわたる米軍政に対する沖縄人民の戦いの総決算を意味するものである。米国は沖縄に対する軍政を停止し、九千万日本国民と八十万沖縄人民の熱望する沖縄の日本復帰を即時実現すべきである」

共産党「この選挙はアメリカ占領者の意思に打勝った人民の勝利である」

本土の新聞も、この結果にひとつの結論を見出している。

朝日新聞天声人語「民の心というものはなかなか支配者の思う通りにはいかないものである。(中略)一片の布令で法律を改正したこと自体が民意を無視し、民主主義のルールをふみにじったことでもあった。アメリカの本国ではとても許されないことを人目につかぬ孤島では平然とやってのける。それはやはり沖縄の植民地支配しか考えていないからだといえる」

毎日新聞社説「民主主義へ、ひとつの教訓をもたらしている。どんな場合でも、民意を無視することはできない、ということだ。選挙でえらばれた前市長を、選挙以外の、一方的な措置で追放したことは、民意を圧迫したことを意味し、圧迫された民意は、当然反発を示す」

東京新聞社説「どう解釈して見ても、米軍の施政が沖縄市民の支持を受けていないことを物語るものとしか受けとれない。（中略）米当局が、三度にわたるこの厳然たる事実を率直に認め、沖縄施政について深刻な反省がなされることを期待する」

アメリカ有力紙も、選挙結果が意味することの考察を掲げた。

ワシントン・ポスト紙はこう書いている。

「いまやアメリカの誠意はアジアで試験されている。したがって、もし高圧的な政策をとれば、ムーア高等弁務官が瀬長市長を追放するためにとった不手際な措置が選挙戦の中心になったように、いっそう思わしくない結果を招くであろう。アメリカは、沖縄県民にとって貴重な土地を収用し、ゴルフ場を3つも設けている。兼次氏の勝利はアメリカの威信に打撃を与えたが、もし高圧的手段をとったらそれ以上のものをアメリカは失うだろう」

クリスチャン・サイエンス・モニター紙はこんな見方を示した。

「兼次氏の勝利は少なくとも首府那覇では米軍の統治に対する政治的不満が爆発点に達していることを暗示する。われわれは米政府が至急沖縄政策を再検討すべきときが来たと信ずる。この再検討によって、沖縄の施政権の全部、または一部を日本に返すかまたは軍事占領期限を明確にすべきである」

3度続いた選挙の敗北で、アメリカ政府には衝撃が走っていた。アメリカはこのころ、ようやく占領政策を見直す検討に入っていたことが、ロバートソン極東担当国務次官補からダレス国務長官に宛てた機密メモ（1958年4月11日）に表れている。

アメリカは、軍用地料の一括払い取り下げに応じることを決めた。さらに、基地、軍用地は将来にわたって確保するが、それ以外の土地についての施政権は日本に返還する「飛び地」返還を検討していた。基地を維持するために、民意に向き合うしかなかった。そこまで米軍は追い込まれていたのである。

亀次郎の抵抗が民衆の意識を変え、社会の力となって、ついに米軍の姿勢を変えたのである。

亀次郎がなぜこれほどまでに民衆の支持を集めるのか。米軍にはその理由がわかっていた。米軍の機密資料を見てみると、時間の経過とともに、政治家・亀次郎の「魅力」に触れる部分が増えている。亀次郎が市長在任中のヒル国務次官補は、後に大統領になるジョンソン上院議員（当時）への書簡で、

「瀬長は、ダイナミックで、多彩な個性を持った雄弁家」

と評した。それから11年が経った1968年11月、リーヒー沖縄総領事は、オズボーン大使館首席公使に宛てた書簡で、

「瀬長亀次郎の勝利は、軍事占領に対する抵抗のシンボルとなった男の勝利と言えます。われわれが殉教者を作り出してしまったことの証です。さらに庶民性を兼ね備えています。彼が有権者に語りかけるときは、方言を使い、内容はアメリカへの敵意に満ちているものの、

とても機知に富み、他の共産主義者の候補のように退屈で陳腐な決まり文句は使いません」と伝えた。また、沖縄から戦後初めて国会議員を送り出すことになる選挙の前、米軍は変わらず人民党の動きを監視し分析していたが、１９７０年10月23日付のランパート高等弁務官からスティルウェル軍事作戦担当陸軍参謀次長への「沖縄人民党」をテーマとする電信には、「才能あふれる指導部が、人民党の強みであり続けている」とあった。

繰り返される悲劇

戦争証言の取材では、戦後70年以上という時の経過がしばしば障害になる。過酷な戦争経験について長く口を閉ざしていた人が、意を決して話し始めるというケースもあるが、年を経ると共に証言者の数は確実に減っていく。

取材の約束を取り付けることができても、取材日になると体調が優れなくなっている場合もある。亀次郎の時代の沖縄に関するアメリカ側の証言者についても、同じような現実に直面した。やはり、証言を得ることは難しいのか……。

その連絡は突然だった。

ハワード・マックエルロイ。亀次郎の那覇市長時代に海兵隊員として沖縄に駐留し、その後アメリカ民政府の一員として赴任、返還交渉にも携わった人間が、取材に応じると言っているという。

筆者は飛行機に飛び乗った。機体トラブルのためシカゴ・オヘア国際空港で7時間も待ちぼうけを食ったが、なんとか目的地のフィラデルフィアにたどり着いた。まだ雪が残る寒さ。証言者は、中心部から車で1時間ほどの郊外の高齢者住宅に夫婦二人で暮らす。

「マックエルロイです。はじめまして」

意外にも、歓迎の言葉は日本語だった。「星河屋」と書かれた陶器の電気スタンド、日本人形、和服の女性がモデルになった絵画……マックエルロイ家の室内は、「日本」を感じさせるもので溢れていた。キッチンには、沖縄に駐留していた海兵隊時代や米民政府の一員として迎えた沖縄返還の日の写真が飾られている。

まず、リーヒー沖縄総領事がオズボーン大使館首席公使に宛てた米軍機密文書を見てもらった。亀次郎の「魅力」について触れた書簡だ。

「よく書けている」——そういって、マックエルロイは笑った。リーヒーとは、親しい間柄だったという。

「初めて沖縄を訪れた1957年当時は、基地反対のデモが頻繁にあった。何か事件があるたびにデモがあった。瀬長は、生き生きとした歯切れの良い言葉で、基地に反対していた。愛国者で、沖縄の未来のことだけを考えていた」

「沖縄の抗議活動で、アメリカが気にしていたのは、本土の政治状況にどんな影響を与えるかだった。大使館の政治部門には、現在の沖縄の政治がどういう状況で、人々が何を考えているかを報告していた。日米両政府ともに気にしていたことだ」

沖縄の抗議の声が本土に達し、さらに影響が広がれば、本土にも基地反対の動きが起こり、日米安保が機能しなくなるのではないか――そこに最大の不安を抱いていた。

アメリカは、いかにして亀次郎の影響力を封じ込めるかに腐心していた。亀次郎は、パスポートの発給申請をしつづけ、訴訟も起こしたが、アメリカはパスポートを交付せず、沖縄に閉じ込めた。亀次郎は本土に渡り祖国復帰を訴える日を待ちつづけたが、発給されたのは、17回目の申請後の１９６７年10月である。市長追放から10年が経とうとしていた。マックエルロイは、まったく不要な妨害だったと語る。

「それはアメリカ的でなく、高圧的で必要のないものだった。沖縄を統治していた人々は、恐れていたんだ。まるで、いまイスラム教徒を恐れるように。私には、イスラム教徒に縁がある孫がいるんだが……」

こう言ったところで、マックエルロイが涙声になった。

「恐れるなんて……クレイジーだ。ともあれ、軍にいた人々は、この世の終わりのような感覚で恐れていた。だから、高圧的な手段に出た。われわれの歴史において、愚かな一ページだった。とても擁護できるものではない」

琉球大学名誉教授の比屋根照夫はこういう。

「反共主義は、アメリカには大事な話だが、沖縄の人の心には、なんら響かなかった。瀬長そのものに、人々は、沖縄的な父親のイメージを抱いていた。瀬長がその民衆の海の中を泳ぎまわって、ある種ナショナリズムといえばナショナリズムだが、ウチナーのアイデンティティーを引き出すことによって、土着の力を米軍支配への抵抗に変えていくことがアメリカは怖い。

一番怖いのは、亀次郎と民衆が一体化することによって、それが反米運動、反植民地運動、日本復帰に結びついていくことだった。アメリカは、コミュニズムに対する恐怖を強調して、沖縄の戦後社会を分析したが、沖縄の民衆の心をとらえ切れなかった」

亀次郎も人民党も、民衆になりきることを目指していた。比屋根は、それを「民衆の海を泳いだ」と表現したが、その民衆の力がアメリカの統治、さらには日米安保をひっくり返すことになるのではないか、という危機感が強権発動につながっていった。

皮肉にも、米軍は、反基地感情を煽る事件を起こしつづけた。

1959年6月30日、石川市の宮森小学校に米軍の戦闘機が墜落、児童ら17人が命を落とした。パイロットは機体の異常を感じてパラシュートで脱出。無人の戦闘機が小学校を直撃した。

1963年2月28日には、那覇市泉崎の1号線（現在の国道58号線）で集団下校中の中学

1年、国場《こくば》秀夫くんが横断歩道を渡っていたところ、信号を無視して突っ込んできた米軍のトラックにはねられ、死亡した。

運転していた米兵は、軍事法廷で「夕日がまぶしかった」と述べ、無罪に。国場君は亀次郎の次女・千尋の4期後輩で、千尋も同じ道を使って学校に通っていた。

こんなことがあっていいのかと、千尋は憤りに震えた。思春期の少女はそれまで、なぜ父はいつも家にいないのだろう、と反発心さえ持っていたが、この事件をきっかけに、父が闘う理由がわかったという。

1965年6月11日。読谷《よみたん》村で、小学5年の棚原隆子ちゃんが米軍ヘリから投下されたトレーラーの下敷きになり、圧死。ベトナム戦争が激しくなるなか、飛行場があった読谷村では、ヘリからの車両、トレーラーの投下、兵士の降下訓練がさかんに行なわれていた。亀次郎はあいつぐ米軍の事件を「テロ」と断じ、日記に怒りをぶつけている。

〈沖縄における米軍のテロ行為はどうなんだ。アメリカは国場君をひきころした。そして殺したやつは無罪だ。いのししとまちがえて金武の老婦人を射殺した。小鳥と思って糸満町の老農夫を射殺した〉（1963年11月26日）

〈われわれは、だれよりもテロをにくむ。にくむが故にこそその土台をなす民族抑圧のなかから県民を解放するために日夜たたかっているのだ〉（1963年12月2日）

亀次郎は隆子ちゃんの事件後、民政府に抗議に赴いた。そこでの様子を綴っている。

〈人間一人をころしたお前たち、隆子さんの遺体を私はみた、アゴはぐしゃぐしゃにされていた。この惨殺死体、いかりとにくしみが先になり、思わず歯をくいしばる。それはすべての人々のすがただ。宮森校で11名の児童を殺し、100名余に重傷をおわせた。国場君をしきころし、4月20日には金武の道路で7才になる幼女をレキサツした。そのつど、二度とこのような惨事をおこしませんと君らはいった。

3度、4度、これだけの惨殺事件だけでもう4度目ではないか。だからこそ、ヤンキーゴーホーム、基地撤去せよと教育労働者—お前たちが一番おとなしいといった—すら叫び出している。もはや人民党だけがヤンキーゴーホームをいっているのではないことをお前らは知っていると思う。（中略）フライマス、セナガサンはそういうがアメリカ兵も沖縄の人から殺されている。不幸なことではあるが、これが事実で、このような事故はしかたないことである。

侵略者の本質をさらけ出した。沖縄人がいつアメリカの子どもを飛行機で殺したか、返事をせまる。

だまっている〉（1965年6月17日）

怒りのエネルギーは、これ以上抑えようもないところまで鬱積《うっせき》していた。

亀次郎の次女・千尋（中央）

第6章 父として、夫として

水肥びたしの母

次女・千尋にとって、父・亀次郎は、とても怖い存在だった。

「厳しい人でした。スパルタで」

兄弟、姉妹が集まり、父の話になると、「お父さん、怖かったね」と語り合うという。

「強烈に怒られたことしか覚えてない。何で怒られたか、思い出してもわからないんだけど、父の日記を見ると、なぜ怒ったのか理由が書いてあったんです。約束を守らないとか、ウソをついたとか、人を差別することを人間としてやってはいけないこととわからせようと思って怒っていたと思うんです」

そんな怖い父には、家庭内でもう一つの顔があった。

「おーい！　もっと洗うものないかー！」

洗濯場から聞こえる父・亀次郎の声がいまも耳を離れない。瀬長家では、掃除、洗濯は亀次郎の担当だった。

洗濯物を大きな金盥《かなだらい》に入れて、手洗いする。大きなシーツは足で踏んで洗った。家族全員の洗濯物をこうして洗って、まだ洗剤があまってもったいないから、「洗うものないかー！」と訊くのだ。

１９５６年10月30日。市長選出馬直前に、自ら進んで洗濯する理由を日記に書いている。〈5時起床、センタク。——この日程は刑ム所を出てからずっと続けられている。洗濯は刑ム所のならわしで、身についている。文は助かっているようだ。よごれものは一物も残さずザブザブ毎朝やっているのだから。

又彼女は店がいそがしいので洗濯物をおしつけるには気の毒である。もちろんそんな同情からきているのではなしに、自然におきるのだから手持ち無沙汰だから片っぱしからあらっているのである。感謝しなくてもよろしい〉

この4年ほど前、妻・フミは小さな雑貨店を開業した。店の切り盛り、市場からの仕入れや子育てなど多忙で、亀次郎は率先して家事をやっていたという。

当時としては珍しい、亀次郎の価値観はどこから生まれたのか。

１９６０年前後に書かれた「母の日に寄せて」と題するエッセイがある。

〈「母の日」はあるが、「父の日」はない。なぜだろう。

オギャーの日からしっかり胸に抱かれて大きくなる。一人前になりかけても矢張りわがままの言えるのは、父ではなく母である。それだけの理由で感謝の日として母の日を設けたのであろうか。そうではなさそうだ。

いじめ過ぎたためではないだろうか。父も子も舅も姑も母なる女をいじめすぎたのである。この歴史的な社会的な事実に対する「すみませんでした」の日を必要としたのではないだろうか。私にはそうとしか思えない。しかし、社会的に見てどうのこうのと、むつかしいことを書こうとは思わない。私は体験でそのことを知っているのでそう言っているのである。

父は私の三歳の時、猫の額ほどの土地を売り払って移民としてハワイ島に渡った。おじいさんがいた。いいじいさんであったが、農業労働者としての加重労働は、彼の背骨をいためつけてしまった。おかげで父の渡布後十年近くも床にへばりついたっきりだった。母は従って五百坪ほどの小作地を一人で耕さなければならなかった。そして彼女は水肥桶を頭に乗せて畑に行くのをつねとした。

私の五歳の時の出来事である。私と言う「ガキ」を背にくくりつけて、彼女は小作地へ農道を急いでいた。二尺ほどの溝を渡ろうとしたとたん、水肥桶の底板が抜けてしまった。ナミアミダー、母も子も人糞のあらしに見舞われたことは当然である。たんぼの溜水でまず子の全身を洗い落とした後、黒髪と言いたいが陽にやけてシュロひげのようにパシャパシャの頭髪が、水肥びたしになっているのも忘れたかのごとく、しばし呆然としていたすがたを私は忘れない。一生涯忘れ得ないだろう。その時母は三十二歳。

こうして、舅に仕え、ガキどもを育てた。大きくなったら母に楽な暮らしをさせるだろうと真剣に思い込んで。しかし、この子は社会運動とやらで、母を安心させるような将来を約束しそうにない。それで「フラーカメジロウ」の別名をその子につけた。憎かったからではない、正にその逆である。かわゆくてかわゆくて仕方がなかったのである。そうでも言わせて貰わなければ心のやり場がなかったからである。

こんなにいじめられても尚、憎しみをもたぬように仕込まれた母という女！　社会はその事を知っている。だから感謝の日を考えだし、いままでよってたかっていじめていた者どもがザンゲの日として、母の日を設けたのである。

僕は母に、そして母という女に誓った。ほんとはザンゲであるに拘わらず、感謝の文字であらわさねばならぬこの社会機構の変革のために、言い換えると「母の日」が消えてなくなる社会をつくり出すために働くこと！　そして、母なる女は、すでにその真実なるを知っているし、又、知りつつあることを私は知っているつもりである〉

一張羅のツーピース

3歳のころに父がハワイに出稼ぎに出たため、亀次郎は主に母に育てられた。

こまねずみのように働く母に、いつの日か楽をさせてやりたい——その一心で、亀次郎は医師を目指した。亀次郎の書き残したものは、日記であれ書物であれ、まず書かれているのは母のことで、父の話は少ない、と千尋は苦笑する。

前述した労働法の審議の際、亀次郎がもうひとつ力説したのが、男女平等についてだった。亀次郎は、そのやりとりも記録している。
質問者「同一労働と同一賃金の問題だが、どういう意味か」
亀次郎「たとえば運転手という労働者の場合、それが女であっても男と同じ賃金、また他社からきた労働者であってもその労働者と差別しない。またそれは米人、フィリピン人であっても差別なく同一賃金を支払うという意味です」
質問者「婦人が男とちがって労働能力やその他の仕事の面でおとっていることは、発議者も否定しないだろう。それに男同様に同一賃金を与えることは不合理ではないか（すかさず女を馬鹿にするな。お前より力はあるんだぞと傍聴席からやじ）」
亀次郎「婦人労働者が社会的に、また家庭生活面でも二重三重に苦しめられ弱い立場におかれていることはたしかである。私はそれであればこそ婦人の地位を向上させ社会的にも家庭的にも男と同じように働き同じ待遇を与えられるよう労働条件をつくらなければならないと思います。これは長い時間世界の労働者がたたかいによってかちとった権利です」
質問者「労働基準法についてだが、産前・産後の有給休暇二ヵ月とありますが、あまり長いと思うが」
亀次郎「とくに占領下の苦しい家庭生活のなかで婦人は苦しい生活を強いられています。産前産後二ヵ月はそんなに長いとは思いません」
質問者「男にそんな休暇はない。瀬長議員の説明は矛盾している。同一労働、同一賃金の区別にもなりやしないか。男女平等ではない（爆笑。お前は女に生まれかわってこいのヤジ。爆笑しばらくやまず）」

亀次郎「子供はおっ母さんが生むものでして父親は生まないことになっています（また爆笑、その通りのヤジ）。それは自然の摂理でありまして神さまでもかえることはできません。もちろん修正により多数で二ヵ月は長い、一ヵ月にしろという意見でこの基準法が制定されます場合、私も従いますが、産前産後の有給休暇はもう近代国家の常識になっています」

政治家・亀次郎は、60年前すでに、「女性が輝く社会」を追求していたが、その根幹には母への思いがあった。

敬慕してやまない母は、戦後まもなく栄養失調のため亡くなった。写真一枚すら残っていない。

母への思いは、妻・フミへのいたわりに投影されていた。

市長就任2ヵ月あまりの、1957年3月17日の日記。

〈3時から文とこれ又ひさしぶりで映画に行く。（中略）かえりに小浜さんのところによる。フミの洋服注文。結婚して以来はじめて洋服を買うという。ほんとか知らと思って見たりする。そう云えば買ってやったおぼえはないからはじめてかも知れない。何だか済まん気もするが、どうにもなるまい〉

亀次郎がプレゼントしたのは、白のレースのツーピースだった。フミは以降、家族で出かけたピクニックのとき、大きな行事のときには必ずこの白のツーピースに身を包んだ。

この服は、いまも千尋が大事に保存している。

そのフミに、大きな転機が訪れる。亀次郎の被選挙権が奪われ3年が経った1960年、立法院議員選挙に立候補するよう、支援者らに強く勧められたのである。フミはいったん固辞したが、夫の支えもあり、決意を固める。

〈フミ、立候補すると思えばもっと早くから勉強すればよかったのにと不勉強をこぼす。蚊帳の中で基地撤去をしたら5万の労働者が失業する。即時復キしたら経済こんらんがおこる。という自民党や社大党の連中の復キ尚早論への反論について話し合う〉（1960年10月2日の日記）

同年10月25日の日記。

〈那ハ地区合同演舌会　（中略）フミ、カゼ引きだというので、会場に行くまえに、屋富祖病院で注射。（中略）フミどうかと思ったが案外おちついて、原稿もみないで、うまくこなしている。早口は直さなければならない。憲法の条項など取り入れて説明するあたり、特によろし、直して貰いたいこともあるが、はじめての演舌だ、まず合格点。

立候補の理由が、夫セナガの公民権停止との闘いを立法院で訴え、院内外の力を集めて悪布令を廃止させ再びセナガを送り込むことができれば沖縄解放のためになると思っていま

す。というやわれるような拍手、口笛〉

フミはこの選挙では落選したが、5年後に那覇市議に当選し、4期16年を勤めあげた。保育行政の強化、夫が投獄された刑務所跡地の整備などに取り組む一方、婦人運動をリードし、さらには米軍関係者による事件の対応にも奔走した。

傍らにはいつも、政治の師であり、盟友の亀次郎がいた。

5回読み返した手紙

前述のように、1967年10月12日、亀次郎にようやくパスポートが発給された。市長時代に申請を却下されたあと、16回の申請を重ね、11年ぶりの渡航許可だった。

亀次郎が那覇市長だった1957年3月、アメリカは布令によって渡航制度を改め、旅券を申請する際に追加資料の提出を要求するようになった。27項目にわたる質問に詳細に答える必要があり、亀次郎が日頃の主張通りに質問に答えたら、どうやっても許可が下りないようになっていた。事実上の思想調査で、亀次郎の申請を許可しないための改正という側面が濃厚だった。

亀次郎だけでなく、妻のフミにもなかなかパスポートが下りなかった。

〈文、民政府公安部へ　かえってきて曰く、あなた方は明日は必ず返事するといいながらウソをつく。断わるなら断わるでよろしい、はっきりして貰いたい。パスポートが出る所で座りこむと強弁したらしい。必ず確たる返事をするから、今日は引き取ってもらいたい、といっていた由。にたもの夫婦だと思われたに違いないと〉（1958年8月20日の日記）

「にたもの夫婦」の絆は、苦境にあったからこそ強まっていった。

「母がいなかったら、父は活動できなかったと思います。普通の奥さんなら逃げ出しているのではないですかね」

と千尋は言う。

亀次郎が収監されている間に起きた伊佐浜の土地闘争では、亀次郎にかわり、フミが現場に支援に行った。亀次郎とともに逮捕された人民党関係者の家族の世話も、フミが買って出た。亀次郎が宮古刑務所に移送されて1週間後には面会に訪れている。

1955年1月21日の日記。

〈文と理一郎がおっかけて来た。夢想だにしなかった。10時頃だ。仲宗根部長が面会だとガチャガチャどしんと戸をあけた。

〝誰ですか〟

〝おくさんと息子さんだ〟

〝ほんとですか〟

行ったらチャンと下地所長の前に二人とも端然と坐っている。文は憔悴《しょうすい》しているのではないかと思われたが船酔いして実は昨日（20日）の12時に宮古についたがすぐ面接するにはつかれきっていたので今日まで旅館に寝ていた由。定期船は満員でとても乗れないからポンポン船でやって来たと云う。正に命がけだ。（中略）

救援活動が活発に行われている。セナガの宮古島への島流しに対し大衆は極度に憤慨していること。12日宮古へ護送されたその日にラヂオ放送があり知れ渡っていることなどであった。２人で差し入れも相当持って来た。ラクトーゲン二個、モリナガドライミルク一個、チーズ一個、黒の毛のシャツ一枚、石鹼二個（ラクス）、書籍10冊（科学の辞典、ユルンスト、テールマン、魯迅伝、人間の歴史（1、２巻）、古代社会（２冊）、世界小史、蟹工船、岩波文庫図書目録）

泉旅館に宿しているが明日のみどり丸でかえるが、もう一ぺん明朝面会に来ることになっている。40分ほど特別に時間を延長して貰った。下地所長曰く、

〝セナガの奥さんだけあってしっかりしているね〟

〝ここではおごれませんからね所長さん〟

〝なにじょうだんじゃないよ。大ていの婦人だったら必ずなみだするね。私は多年こんな仕事をしているがはじめてだ〟

と案外真剣のようだ。そして自問自答していた。どうせかくごはしていて妻になったのだろうからな——とにかくめずらしいようであった。

しかしここまで来るのはなみたいていの決心ではないことは認めざるを得ぬ。大衆のフンゲキと支持、妻子や親セキの熱愛に対してもよっぽどフンドシをしめてかからなければならぬことを痛感する〉

亀次郎も不屈なら、フミも不屈の女性だった。

〈昨夜は2時ごろから目がさめてねられなかった。東の格子窓から星がさんさんとそれこそ久しぶりに輝いている。波は静かだ。妻子の船旅をあれこれ思ったりしたらますます眼がパッチリしてくる〉

フミからの便りが、心の支えだった。

〈みどり丸と南州丸が入港しているが手紙も小包も来ない。おかしいと思う〉（2月5日の日記）

2月14日の日記。

〈9時ごろ文からの手紙を渡された。（中略）文の手紙は日記体になっていて要を得ている。23日宮古から那ハへついてから以後の出来ごとが大まかにではあるがはっきりうちを中心に行われている色々の行事や雑事の中から大衆の動きを感じとるような仕組に書かれている。ぼくの逮捕投獄以来、こちらの世話、気苦労、党の同志たちとの相談やつき合い、犠牲者家族に対する世話など大変だろう。

想像に絶するものがあるだろうが、あと19ヵ月だ、頑張れよ文。

5回もよみかえしよんだ。あきないものだ。拘禁者心理も手伝っていようが、たんたんたる文章の中にあるだけの愛情を流し込んである。それがよむごとににぢみ出て来るのだから何回よんでも新しい感情が迫って読みつづけさせるのである〉

千尋は、この日記を見て、「宮古に移されたばかりのころで、さびしかったんだと思うんですけど、そのころに母からの手紙が来たもんだから、喜んで……。（この日記の記述は）ラブレター的なものだったと思います」と語る。

亀次郎は、返事を書いた。

〈那覇から移送後のうちの生活が、うきぼりにされて手にとるようにわかり元気づけられました。（中略）今日の用件のおもなものはハネフトン（うちにあるもの）と現金二千円おくってくれとのお願いです。貸しあたえられた毛布は一枚々々はぎとられるように減じてくる、「オイ、セナガ毛布一枚かえせ」といった具合に（中略）私達はものごとの是非を判断する場合、レベル以下の悪いもの同志をとらまえて、どちらも悪いがそのうちいいのはどれかといった態度はやめなければならない。それは進んで又は好んで闘いを逃避する安価なプチブル的センチメンタリズムであり、最も危険な傾向である〉

フミは、返事を受取った4日後に、次の手紙をしたためた。

〈二月二十三日付（二十五日宮古中央局消印）お手紙三月四日受取りました。色々御注告承知致しました。（中略）私は別に負担過重とは思って居りません。私は張り

手前が亀次郎の自宅。左に刑務所の監視塔が

切って党再建の為めにやって居ります。（中略）沖縄も色々次々に問題が起って来るし、党員も増えて居ります〉
〈（中略）比較論も私はそう云われはしないかと気にして居りましたが、安のじょう——と云った格好で恥入って居ります〉
〈私達が色々な事をくわしく報告出来ないのは、私達の手紙を基礎に色々な弾圧や、圧迫や妨害がなされんとも限らないと云ふ気使ひからです。私達の演舌会には例の通りＣＩＣや私服が一杯後方に入り込んでゐる状態です。（中略）
私達は軍や警察のおとし穴やわなに引かゝらん様にしなくちゃならないと思ひます。今迄の経験から軍や警察は絶えず、おとし穴や、わな、をこさえて待ってゐると思ひます〉
亀次郎は、獄中で娘の千尋とも手紙をやりとりしている。
〈お父さんはからだが悪いそうですね。早く出られるようにしないといけませんね。
私はいま学校をかえってから玉算学校にいっています。日曜日にはうちで画の勉強をして

います。私は労働歌もたくさん知っています。はーちゃんは、おしゃべりもしますがなきむしでもあります。はがいたいといって泣くときは、お父ちゃんようして泣きます。

私もやがて五年生です。ちひろ〉

亀次郎の獄中日記にも、千尋が登場する。

〈11月18日。3時ごろ、文とチビ（千尋）がやって来た。（中略）チビは相変わらずだまっている。オヤジのかわり果てたすがたを見て、ちいさい瞳につゆの玉がやどっていた。〝学校はずっといっているか〟と声をかけたが、のどをころころさせて声は出なかった〉

千尋は、当時をこう振り返る。

「やっぱり、刑務所に入っているのはわたしにとってショックだったと思うんです。でも、まわりは、みんなのことをすると言って逮捕されているから、とっても偉い人、という人がたくさんいたんです」

亀次郎の自宅は、刑務所のすぐ隣にあったが、分厚い煉瓦の塀が、家族と亀次郎を隔てていた。暴動事件のあと、なぜか塀の中ではなく外に刑務所の監視塔が作られていた。自宅から通りをはさんだ向かい側には交番もあった。

「囚人を監視するなら中に作るはずだけど、なんで外なのかと考えたら、亀次郎の自宅や人民党本部を監視するためだったのか」と千尋は苦笑する。

一方、亀次郎が収監されていた独房からは、自宅の屋根が見えた。

「心強い。この独房が大好きだ」

亀次郎は、家族が暮らす自宅の屋根を見ながら、拘束の日々を送っていたのである。

似たもの夫婦

亀次郎は、自らの活動を振り返るとき、「フミに苦労をかけた」と語ることが多かったが、千尋によると、フミはまったく苦労とは思っていなかった。

「二人は、結構楽しんでやっていた」という。

もうひとつ、「似たもの夫婦」の共通点がある。亀次郎の日記は、ぎっしり字で埋め尽くされている。たとえば獄中日記は、レポート用紙に綴られているが、最後のページに達したら、今度はその裏に続きが書かれ、1ページ目の裏まで戻ってくる。書き終えたノートには余白がいっさいない。アメリカサイズのレポート用紙は隅から隅まで使い尽くされた。

フミが亡くなったあと、千尋が遺品を整理していると、裏返して糊付けされ、再利用を待っていた封筒がいくつもあったという。「新しいものを使えない性格」の二人は、〝もったいない精神〟でも結ばれていた。

そんなフミが亀次郎について書いたエピソードがある。

「自分は貧乏していてもひと一倍困っている人のことを考え、持っているものをみんな与えてしまう性（たち）です。欲がないからいつでも貧乏でいます」

フミも、経営する雑貨店にカネを無心に来る人がいると、「貸すことはできないが、これでお帰りなさい」と翌日の仕入れのカネから交通費を渡していたという。

フミが綴るエピソードは、亀次郎の好んだ本にも及ぶ。

「若いころは、カネがあれば本屋廻りをして、本を買って来て読むのが楽しみでしたが、良い本があると自分が読んだあと、『これはおもしろいから読んだらいいよ』と私に読ますようにしました。印象に残る本は、ゴーリキーの『母』や、パールバックの『大地』『母』などで、わざわざ東京に注文して取り寄せました」

挙げられた書名からも、亀次郎の母への思いを感じる、と千尋は言う。

1971年12月4日、
国会で佐藤首相に質問

第7章 国会へ——佐藤首相と対峙

基地は残った、そのままの姿で

終戦から20年が経過した１９６５年8月19日、戦後初めて、日本の総理大臣が沖縄の地を踏んだ。

特別機で那覇空港に降り立った佐藤栄作首相は、ワトソン高等弁務官、松岡政保琉球政府主席、ワーナー民政官が見守るなか、星条旗、日の丸の並ぶ壇上で挨拶した。

「沖縄の祖国復帰が実現しない限り、わが国にとって戦後が終わっていないことをよく承知しております」

いよいよ沖縄返還交渉に本腰を入れるという決意表明で、沖縄にとって待ちに待った瞬間でもあった。

空港での演説を終えた佐藤は、「佐藤総理歓迎」と書かれた横断幕が掲げられた道路を車で移動した。

日の丸を振る市民だけでなく、「アメリカの手先　佐藤帰れ」という横断幕を掲げて抗議する市民、警備にあたる警官隊がずらりと並ぶなかを、首相の車が進んだ。

佐藤は、那覇市の国際通りにあった映画館「国映館」での歓迎式典でも演説した。実はこの演説内容は事前にアメリカ側に提示され「基地の重要性に触れていない」から「修正を求める」と強硬なクレームがついていた。首相の決裁後であるため変更は困難、と申し入れたが、アメリカは納得しない。

「アメリカの沖縄施政を貶《おとし》めている」

「沖縄での日米協力関係に障害がありうる」

とゴリ押しした結果、もとの演説になかった次のような文言が加えられた。

〈わが国は、日米相互協力及び安全保障条約によって米国と結ばれており、盟邦として互いに相協力する関係にあります。また極東における平和と安定のために、沖縄が果たしている役割はきわめて重要であります。私は、沖縄の安全がなければ、日本本土の安全はなく、また日本本土の安全がなければ沖縄の安全もないことを確信しております。

私は、戦後20年間の米国の施政下にあっても、沖縄の経済発展と住民の福祉の向上の面で相当の進展がみられたことを承知しております。とくに、近年この面における米国政府と現地施政当局の示している熱意は高く評価するものであります〉

歓迎式典は、佐藤が中心となった「万歳三唱」で幕を閉じたが、このとき、那覇市内は不穏なムードに包まれていた。沖縄占領支配に根拠を与えているサンフランシスコ講和条約第三条の撤廃や、沖縄の即時無条件返還などを訴える市民たちが佐藤の宿泊するホテルに集結、直接対話を求めたのだ。

１号線（＝当時、現在の国道58号線）を北上した天久《あめく》という場所に、広大な米軍住宅地が広がっていた（現在は返還され新都心として目覚ましい発展を遂げている）。その天久の一つ手前の信号を左に入ったところに、佐藤が宿泊する予定の東急ホテルがあった。

市民は、午後6時から那覇高校で復帰要求大会を開いた後、東急ホテルへ向けてデモ行進。群衆が1号線を埋め尽くしたため、米軍がベトナム戦争のための物資を運ぶことができなくなる事態に陥った。

亀次郎はこの日の日記に、東急ホテル手前にあった鳥居の絵を描き、周辺で繰り広げられた群衆と、それを排除しようとする警官隊の衝突を記録している。当時のニュース映像には、警官がデモ隊を警棒で殴りながら排除する場面も残る。

大混乱の1号線は翌20日未明の2時半ごろまで占拠され、佐藤は結局、東急ホテルに入れず米軍基地内の迎賓館に向かった。演説で「日本復帰」を強調したはずの首相が、米軍基地に「避難」したのはなんとも象徴的だ。

亀次郎は日記で、そんな佐藤を痛烈に批判している。

〈佐藤は南連（那覇日本政府南方連絡事務所）にひなんしたが一時すぎ、弁ム官の要請もあり、ついにライカム（琉球米軍司令部の通称）軍事施設内の迎賓館に吸い込まれ、米日支配層が仲のいいところをバクロ、対米従属の独占資本の政治的代理人にほんとのすがたをみんなにわかりよく知らせた〉

佐藤の沖縄訪問から4年、1969年11月19日から3日にわたってアメリカ・ワシントンで行なわれた日米首脳会談で、ついに佐藤・ニクソンの両首脳は、沖縄返還で合意した。沖縄にとって悲願の「祖国復帰」がようやく叶うことになったが、それは沖縄が求めてきた姿ではなかった。

基地は残ったのだ、そのままの姿で。

首脳会談の最終日に日米両政府が発表した共同声明の内容について、亀次郎も日記に記している。

　沖縄返還が政府国民あげての努力の結実したものである
　歴史的結論にいたった米大統領と米国民に衷心からかんしゃする
　米国の理解と評価があった
　核兵器の存在しないように本土における安保が適用。事前協議にしても特例設けない
　返還にあたって特別な条件はつけられていない

つまり、共同声明は「核抜き・本土並み」の返還であることが強調されていた。核をめぐってはこう発表された。

「総理大臣は、核兵器に対する日本国民の特殊感情およびこれを背景とする日本政策につい

て詳細に説明した。これに対し、大統領は深い理解を示し、日米安保条約の事前協議制度に関する米国政府の立場を害することなく、沖縄の返還を、右の日本政府の政策に背馳しないよう実施する旨を総理大臣に確約した」

しかし、亀次郎は――。

〈（沖縄の基地から）B52、その他出撃、自由発進、自由使用。核（抜き）――明確にされなかった。あいまい。自国の都合よいように書かれている。

核かくし。アメリカの真意。有事の場合持ち込む〉（11月22日の日記）

亀次郎のこの危惧は正鵠《せいこく》を射ていた。

佐藤とニクソンとの間で、返還後も有事の際は、沖縄に再び核を持ち込むことを認める密約が結ばれていたことが、のちに明らかになっている。密約の合意議事録は、佐藤の遺族が保管していた。

「核抜き・本土並み」。核はなくなるし、本土並みに基地もなくなっていく。日本政府は、そう説明した。

本土にあった米軍基地はどんどん減っていったが、それは占領下の沖縄に移されたことによるものだった。たとえば、在韓米軍を後方支援するため山梨、岐阜に海兵隊が駐留していたが、米兵をめぐる事件事故が相次ぎ、それに対する住民の抗議の声が大きくなったことで、占領下の沖縄に移転させた経緯がある。

本土が反対の声をあげれば基地はなくなるのに、沖縄が声をあげても基地はなくならないどころか負担が増えていく。民意の受け止め方にあまりに大きな差があると指摘される理由がここにある。

近年公開された屋良朝苗《やらちょうびょう》（最後の琉球政府主席、初代沖縄県知事）の日記には、外務省の官僚が沖縄を訪れ、「確実に本土並みに基地は減っていく」という説明を再三くりかえしたと記されている。

しかし、実際はまったく逆だった。

国会議員・亀次郎

1967年に布令が再度改められたことで、被選挙権を取りもどしていた亀次郎は、1970年11月15日復帰を前に行われた、国政参加選挙に立候補する。自身にとって14年ぶりの選挙に、あの亀次郎が、珍しく不安をつづっている。

〈選挙戦3日目である。まだ自信ある選対を確立することができないでいる。これで勝てるのだろうか。だんだん不安は増すばかりだ〉（1970年10月25日の日記）

〈必勝の信念というが、勝利するぞ、戦闘性がわいてこない、それが演説の迫力の欠如となってあらわれてくる〉（10月30日の日記）

しかし、沖縄での亀次郎人気は「市長追放」から13年近くが経っても健在だった。トップ当選は自民党・西銘《にしめ》順治、人民党・瀬長亀次郎は見事2位で当選。3位に社会党・上原康助、そのほか自民党・国場幸昌、社会大衆党・安里積千代の計5人が、戦後沖縄初の国会議員となった。

亀次郎はこのとき、63歳になっていた。

11月24日の初登院では、そろって赤じゅうたんの階段を登った。自分の名札を赤地から黒地にひっくり返し登院の印とし（現在は名前の下のボタンを押して点灯させる）、職員に国会議員のバッジを胸に着けてもらった。

衆院本会議では、瀬長亀次郎さんと紹介され、議長席に向かって右側の野党席最前列、右から2番目に席を占めた亀次郎は、起立して振り返り、頭を下げて挨拶した。

18年前の琉球政府発足式では名前を呼ばれても立ち上がらなかった亀次郎が、まもなく復帰する日本の国会で、笑顔で起立していた。

再び戦場となることを拒否する！

亀次郎はこのころ、ある対談で「沖縄復帰の姿」についてこう話している。

「核についてもそうですし、毒ガス兵器すら撤去していない、毎日、いつやられるかわからないという生命に対する脅威がつよまっている状態です。その状態で『安心しなさい』ということ自体が沖縄県民をほんとうに人間としてあつかっていないあらわれです。まさに売国奴の本質がにじみでていると思います。この点について県民はいちだんと怒りをつよめています。とにかく『まだがまんしろ』というのに対して『ありがとう。これで安心しました』という言葉はどこからも出てこないということです」

復帰を５ヵ月後に控えた１９７１年12月４日、亀次郎は、初の国会の舞台で、返還交渉の当事者・佐藤栄作首相に正面から疑問をぶつけた。

衆院沖縄北方特別委員会での質疑である。まず、この17日前に行われた沖縄返還協定の強行採決について質した。

その日、返還後のあるべき姿について沖縄側の要望をまとめた「復帰措置に関する建議書」を携えた、屋良朝苗主席が東京に向かっていた。

建議書には、「返還協定は基地を固定化するものであり、県民の意志が十分に取り入れられていない」として「政府ならびに国会はこの沖縄県民の最終的な建議に耳を傾けて、県民の中にある不満、不安、疑惑、意見、要求等を十分にくみ取ってもらいたい」とある。

しかし、屋良を乗せた飛行機が羽田空港に到着する直前に自民党が突然、返還協定の質疑打ち切りの動議を行い、採決を強行。政府と国会が民意に向きあうことはなかった。建議書は、「幻の建議書」といわれ、翌日に予定されていた亀次郎の質問の機会も奪われた。

亀次郎は、これをファッショ的暴挙だと批判する。

「沖縄県民にあたたかく迎えたいと言っていた言葉はうつろで白々しい。あたたかいものではなく、身を刺す氷が投げつけられた」

と迫った。これに対し、佐藤は、

「どこまでも議会制民主主義を守る」

と答え、まったくかみ合わないやり取りで、質疑は始まった。

佐藤が「お叱りを受けようとは実は思わなかった」と述べると、亀次郎は、「あなたが議会制民主主義を踏みにじったから私はそう言ったのであって、お叱りを受けるとは思わなかったなどというのは、これはもってのほかだ」と痛烈に批判した。さらに亀次郎は、沖縄を平和な島にすることが祖国復帰の原点だと訴える。

佐藤も、「同じような気持ちで平和な県づくりに励む」と同調するが、亀次郎はすかさず、「平和な島とは基地も核兵器もない島だ」と踏み込んだ。さらに、軍用地接収での銃剣とブルドーザーの実態を訴えるが、佐藤は、「見たことも聞いたこともない」と取りあわなかった。

途中、外務大臣や防衛庁長官との質疑に移る。亀次郎は、

「沖縄の住民の土地を米軍基地として使用するための暫定使用措置法はいかにももっともらしいが、アメリカの土地強奪を合法化するものか」

と問うた。

江﨑真澄防衛庁長官は、「日本の施政権下となれば、自衛隊の配備が必要」と議論をすり替えたが、亀次郎は、「では、なぜ、東京や鹿児島、宮崎などでは行なわれないことが、沖縄だけに適用されるのか」と追及した。

亀次郎「沖縄県民に施政権が及びましたら、ちゃんと憲法は適用されますね。それで、この憲法の一番根本は、法の下での平等であるはずであるが、なぜ沖縄県民は法の下での平等の恩恵に浴さないで、このような過酷な裸の強奪法みたようなものを適用されなければならぬのか。これを聞いているんです」

佐藤首相「ご承知のようにただいま、アメリカが沖縄に施政権をもっておるのです。そういう状態が解消しようというその瞬間に、過渡的な状態でいま特別なことが考慮されている。これはもうおわかりだと思います。瀬長君百も御承知の上で私どもに困るようなお尋ねをされておる」

亀次郎「私は百も承知はしていないのです。佐藤総理、いまアメリカの占領下にあるでしょう。そのままの状態で引き継ごうというのだから、これは復帰じゃないような協定になってくるということがだんだん明らかになってくるのですよ。おかしいな、本土はそんなことはなかったはずだがな、と、この疑問はあなた方が解明してもらわないといかない一つ基本的な問題なんですよ」

核についても政府を追及した。

亀次郎が、伊江島で行われている核模擬爆弾を使った投下演習を復帰後も継続させるのか否かを問うと、福田赳夫《たけお》外相は、

「沖縄の島々に核があるとにらんでいる」と述べたうえで、「核は一切沖縄に存在しないことになる」と断言した。

続いて、亀次郎は佐藤に「核兵器をもたず、つくらず、もちこませず」の非核三原則と安保条約との関連性について迫った。ニクソンと密約を交わしていた佐藤の答弁は、いまとなっては白々しく響く。

「非核三原則決議ならびに核の持ち込み、この問題、これはいわゆる決議はいたしましたが、法律ではございません。しかし、国権の最高機関である国会の決議でございますから、政府はもちろんその決議を尊重する。あの際に私自身がお答えした通りでございます。核の持ち込みはわれわれはノーと言う、こういうことをはっきり申し上げたつもりでございます」

では、アメリカの核抑止力を認めないのか、と亀次郎は福田に問う。アメリカは日本の核政策に協力すると言っているから、国民は安心できる、と福田は答えた。亀次郎は、「安心できないから、安心するように答弁を求めている」と引き下がらない。

さらにたたみかける。

「総理も、核を持ち込ませないと強く言うならば、この際、核持ち込みは禁止するということで日米合意、これはあたりまえじゃないのですか」

「特に核問題についてのあの感じ方は、沖縄県民は他府県民と違った感情、心情をもっておるわけなんです。これは査察の問題、点検の問題になると思います。日本の主権下に基地を使わせてやるのに、日本政府が、日本に入ってきては困る核兵器などについて、その疑いがあった場合、この点検を要求するのは当然ではないか。主権者でしょうが」

対する福田の答弁は、日米関係をそのまま反映したものだった。

「日米安保条約、この適用から見て、さような行き方は非常にむずかしいのじゃあるまいか。核という問題は、これはアメリカの非常に大きな戦略的な問題になっておるわけでありま す。それをわが国が権利としてその点検を主張するということ、これも実際問題としてむずかしいのじゃあるまいか」

そしてこう結んだ。

「私は全幅的にアメリカを信用して、ただいまの案件の処理を進めておる」

質疑の終盤、亀次郎は、逮捕から那覇市長就任、その後の兵糧攻めや水攻め、布令による追放という自らのこれまでの経験を語り、沖縄における米兵の関与する事件に触れて、なぜ基地のない沖縄を求めるのかを佐藤にぶつけた。

「アメリカは生まれた国アメリカにお帰りなさい、それで初めてわれわれは対等平等な交渉もできるのだということを、いわゆる民族の独立というのでしょう。平和日本というのでしょう。民主日本というのでしょう。これを追求してわれわれはその実現のために戦ってきたのだ。

よく自民党あるいは佐藤総理みずから言っておる、返還協定に反対するというのは復帰に反対かということばなのです。これはとんでもないことだ。

佐藤総理の口から言ったでしょう。今国会の冒頭の所信表明の、沖縄問題に対するあの結語は、軍事基地の継続使用は返還の前提ともなる。覚えておられるでしょう。

返還が目的ではなくて、基地の維持が目的である。

ですから、この協定は、決して沖縄県民が26年間血の叫びで要求した返還協定ではない。

この沖縄の大地は、再び戦場となることを拒否する！

基地となることを拒否する！」

拳を握りながらものすごい大音声。亀次郎の質問は、いつのまにか演説に変わっていた。

さらに続く。

「基地もない、アメリカ軍もいない、自衛隊もいない、（そうなって）初めて平和な豊かなという、平和という言葉が使えるんだということを、体をもって体験している沖縄県民である。したがって、いま申し上げましたように、このような協定が通らないで——実際いえば、沖縄県民の望む、あの紺碧の空、総理は良く知っております、あの美しい沖縄の島、さんご礁に取り囲まれて、あの美しい海。軍用道路に道路も全部取られて、水源地も取られておる。全部日本国民である沖縄県民の手に返って初めて平和な島が、沖縄県の回復ができるんだということを26ヵ年間叫び要求しつづけてきた」

その迫力に、佐藤は、文字通り圧倒されていた。

「私と瀬長君との間にはずいぶん隔たりもございます。またその結論に至りましては大きな隔たりであります。ただいまの状態で基地のない沖縄、かように言われましてもそれはすぐにはできないことであります。

しかし、私どもは、ただいま言われる、そういう意味の平和な豊かな沖縄県づくりにひとつ、邁進《まいしん》しなければならない」

空虚な式典

この日の亀次郎の日記には、佐藤と相対した感想と、質疑のあとのエピソードが記されている。

〈市長追放、軍事裁判の実体、上江洲《うえず》悦子さん刺傷事件にふれて、3条下における民族屈辱の実たいをあばきだすや総理は姿勢を正していた。さすがにいたかったようだ〉（筆者注・沖縄はサンフランシスコ講和条約第三条により、日本から行政分離された）

〈終わってあと佐藤はつかつかと質問者（＝亀次郎）のところにやってきてあの本かしてくれんかという、あげますよと（亀次郎の著書）「民族の悲劇」と「民族の怒り」をてわたす。私の名を書いてくれんかね―（佐藤）。委員席にもどって佐藤栄作様と書いて2冊をおくることにした、各社シャッターが集中される―だいぶ印象にのこったとみえる、だれであろうがよみ、真実を知らす必要がある。真実の前にはいかなる権力も後退せざるをえなくなるのだ、最も強いのはいつわらざる、かざらざる歴史の証言である〉

質疑が進むにつれ、佐藤は占領下の沖縄の現実に触れて強く感じるものがあったようだ。当時の映像を見ても、佐藤の答弁姿勢に亀次郎を侮ったり、皮肉るような様子は見られない。むしろ表情は徐々に引き締まり、真剣味を増していった。思想信条は違えど、佐藤の表情には、亀次郎に対する畏敬《いけい》の念が浮かんでいた。

この5ヵ月後。復帰の日を4日後に控えた1972年5月11日、国会の委員会室入り口で、亀次郎と佐藤が偶然顔を合わせた。

「近づいたね、瀬長くん」

佐藤は笑顔で語りかけたが、亀次郎の心中はこうだった。

〈復帰記念式典を前に、相槌を求めたのだろう。彼にとっては、一世一代の喜びと栄光の日であるに違いない。彼の栄光と喜びの舞台裏で百万県民は戦場化の恐怖におののいているの

だ〉

当時、ベトナム戦争の出撃拠点だった沖縄の米軍基地は、アメリカにとって戦略的にきわめて重要とされ、沖縄の日本返還後も、そのまま残された。

亀次郎は、理想とはほど遠いこの復帰の日を、「新たな総抵抗の始まり」と規定している。

1972年5月15日、ついに沖縄は日本に復帰した。那覇市の那覇市民会館と、東京の日本武道館の2ヵ所で、それぞれ沖縄の日本復帰記念式典が行われた。

沖縄は梅雨入りから5日目で、激しい雨に見舞われていたが、那覇市民会館隣の与儀公園では、あれほど求めた復帰に激しく抗議する集会が開かれていた。基地が残ったままの復帰——それは県民が望んだものではなく、県民の意志を無視した〝沖縄処分〟だ、と抗議の声をあげた。

一方、政府主催の、日本武道館の式典では壇上の佐藤首相が感極まり、白いハンカチで涙を拭うシーンがあった。

そして、式典の最後を締めくくる、佐藤の声。

「天皇陛下ばんざーい！　ばんざーい！　ばんざーい！」

亀次郎との論戦で、佐藤は「基地のない、平和な沖縄県づくり」に邁進すると述べたが、その後の政治の姿は、佐藤の言葉からはあまりに程遠いものだ。

米軍基地は本土並みに減るはずだったが、返還後も在日米軍専用の施設面積の74%が沖縄に集中する時代が長く続いた。

2016年12月に北部訓練場の一部が返還され、全国の在日米軍専用施設のうち、沖縄が占める割合は、70・6%(2017年5月15日現在)とわずかに減少したが、基地が沖縄に集中する構図はまったく変わらない。

普天間基地の返還条件のひとつが、辺野古新基地建設であるように、北部訓練場の一部返還は、東村・高江という小さな集落を取り囲むようにヘリパッドを新設することがその条件だった。

米軍は、新たな機能を得て、むしろ基地機能を強化しているのが実態だ。

「沖縄人民党」を率い、
独自の主張を展開した

第8章 亀次郎の思想

理想を追うか、現実と折り合うか

「沖縄は常に、事大主義とアイデンティティーの狭間で揺れ動いてきた」

とある人はいう。事大主義とは、小国が礼をもって大国に事《つか》えること、また転じて勢力の強いものにつき従う行動様式と辞書にはある。

周囲を海に囲まれ、常に中国、日本、東南アジア諸国、そして太平洋諸国からの圧力にさらされてきた沖縄は、強大な「外圧」に対し、どのように対処してきたのか。

あえて大別すれば、その考え方や行動にはふたつのパターンがある。

ひとつは、沖縄のアイデンティティー、沖縄の固有の価値を守り、現状を肯定せず、「その先にある理想」の実現を目指していく立場。

もうひとつは、目の前の利益を優先し、「現実」を容認、受け入れながら、「その中の理想」を求める立場だ。沖縄はいつも理念と現実の狭間に立ち、そのどちらをとるかを問われてきた。

「基地か経済か」が選挙の争点とされてきたことは、その端的な表れだ。

占領下、戦後沖縄の民主主義をアメリカと協力することで育成していくのか。その本質を見極めようとするのか。民主主義のあり方が論点となるなか、亀次郎は徹底的に理念を追求し、現実を告発した。物質よりも精神を重視し、人間としての生き方を問うた。

亀次郎が政治活動を始めた終戦直後の沖縄には、激しい地上戦の渦中で、守備隊のはずの日本軍に裏切られたという記憶が色濃く残っていた。それは、米軍を「日本軍からの解放者」とみなす空気に結びついていた。亀次郎もそう考えていた時期があった。しかし、自らが米軍の愚行を目撃し、体験するなかで、その考えは改められる。

占領米軍は沖縄の土地を半強制的に収用して基地、軍用地とし、朝鮮戦争、ベトナム戦争の「兵站《へいたん》」として利用した。沖縄の法の支配下から逃れた特権階級として振る舞い、沖縄の人たちの人権、財産権はいとも簡単に踏みにじられた。そして、亀次郎と人民党が中心的役割を担いながら、世論は「日本復帰」へ転換していった。

亀次郎は人民党設立にあたって、「ファシズムの禍根を断ち、民主化の徹底を期す」としたポツダム宣言をそのまま党の旗印とした。

亀次郎はポツダム宣言の趣旨に感動し、心酔していたのだ。

1985年に刊行された『沖縄人民党の歴史』には、当時の経緯がこう記されている。

〈ポツダム宣言をゆがめることなく実施する立場にたつならば、日本国民の自由な意思表明によって平和的傾向の政府が樹立された時点で、アメリカ占領軍は撤退しなければならなかった。

党は、ポツダム宣言が、このように軍事占領をおわらせることについても明記していることとを重視し、これをたたかいの旗じるしとして党綱領におりこんだ。そしてこのことは、その後の党の日本復帰方針の樹立や、軍事占領支配とのたたかいで重要な意味をもつものとなった〉

人民党は、「日本復帰と講和条約の全面実施」を党是に掲げた。1951年3月18日の臨時党大会決議文にはこうある。

〈琉球民族は初めから日本民族の一部である。

琉球民族の幸福はあらゆる面に於て、日本人民との結合なくしてはあり得ない。

人民の大多数はこの事を理解し且望んでいる。これは単なる感情では無く過去に於ける生活の体験から得た貴重なる結論である。

この人民の意志を代表し又民族解放の党精神から、吾が人民党はここに日本復帰を決定し、その実現の為に全力を挙げて邁進するものである〉

当時の沖縄では、人民党のほかに社大党が日本復帰を掲げていたのに対し、共和党は琉球独立を、社会党は「アメリカの世界政策を支持する立場から信託統治」を主張するという違いがあった。

人民党は、日本復帰と同時に講和条約の全面実施を主張したが、その背景には、サンフランシスコ講和条約と同日に締結された日米安保条約への疑問があった。

なぜ、独立したあとも、外国の軍隊が存在するのか。日本は真の独立を果たしていないではないか。講和条約は名ばかりで、完全履行されていないではないか、という疑問である。次女・千尋によると、亀次郎のなかには、日本に復帰することに何の矛盾もなかったという。沖縄戦で裏切られた日本に、なぜ帰るのかという疑問を唱える声は確かにあったが、亀次郎にとってはかつていた場所に帰るだけのごく自然のことだった。

前述した「日本人民と結合せよ」という亀次郎の記した論文の結びに、その結論を見出すことができる。

〈日本に於ける進歩勢力が再軍備反対軍事基地提供反対を絶叫するすがたは、全く痛々しい限りである。（中略）

我々はいまそれにふれることは出来ない。われわれがはっきり言えるのは戦争反対である。それは今次大戦最後の戦場となった琉球百万の人民が、再び戦争の惨禍を受けたくないという腹の底からの叫びであり、強烈な意志の欲求である。そしてそのためには全面講和が実現してこそ初めてそれが可能になることも知っている。防空演習―五ヵ年忘れていた防空演習の恐怖から人民が解放される日。その日に民主主義はこの島にも開花することだろう。

日本に復帰したいという民族感情を観念論ときめつけ、その社会的基礎を探求する気力を失い、温室にぬくぬくとあぐらをかいている信託論者が、一人でも多くその温室を飛び出し、勇敢に民族解放の戦列に加わって貰うことを全人民は要求している。

即時日本復帰！

全面講和の早期締結！

如何なる戦争にも絶対反対！

恒久平和の擁護！

を叫び、結びとする〉

亀次郎は、よく「民族主義者」と表現される。確かに「民族」という言葉をよく使ったし、『民族の悲劇』『民族の怒り』『民族の未来』と〝民族三部作〟を出版しているが、亀次郎の言う「民族」とは、沖縄ではなく、日本を指していた。日本民族はアメリカから独立しなければならないのだ、と。

その思いは、そこかしこにみなぎっていた。

沖縄にとって、日の丸の旗は「日本復帰」の象徴だった。しかし、日の丸を掲揚することは当時法律で禁止され、違反すると4万5000円の罰金または6ヵ月の懲役が課されていた。亀次郎は、日の丸をめぐってこう記している。

〈「日の丸」は天皇を象徴するものだ、軍国主義の復活だ、という意見も本土ではあると聞いたことがある。ところが、沖縄では保守革新問わず「日の丸」は祖国復帰の旗になっている。日本復帰運動はアメリカが最もいやがり、弾圧の対象にしている。いうまでもないことだが日本復帰運動は民族運動である。（中略）「日の丸」は祖国との血のつながりを一番よくあらわしている〉

亀次郎は共産主義者だったのか

亀次郎は、戦前、早くから本土の空気に触れていた。東京の旧制中学に通い、鹿児島の旧制七高にも進んだ。放校処分になった後は、関東でも働き、伊豆半島の丹那トンネルで労働争議を指導し逮捕されたこともあった。当時、本土では、飲食店に「琉球人お断り」と書かれた貼り紙があったり、沖縄出身の人が家を借りられなかったり、という差別をめぐる体験談が語られるが、千尋は、亀次郎から本土で差別されたという話を聞いたことがなかった。本土の人間に対しても、まったく臆することがなかったという。

七高時代、恩師から斡旋された家庭教師のアルバイト先の父親は非常に保守的な人物で、亀次郎とはまるで考え方が違っていたが、その父親にも気に入られ、人間関係を築いていた。

亀次郎は、ごく自然に祖国と占領軍を対置し、理念を追求していった。米軍は、沖縄人民党を「共産党」と断じ、亀次郎を「共産主義者」として、弾圧の対象とした。確かに、創立時の人民党は「戦前の時期に日本共産党の指導と影響のもとに革命的・進歩的運動に参加した人びと」(『沖縄人民党の歴史』)を中心としていた。

しかし、それだけではなかった。人民党は、「自由主義者、急進的民主主義者などさまざまな思想的立場の人びとをふくんでおり、統一戦線的大衆政党としての性格を備えていた」（同書）。

さらに、創立時の人民党に参加したのは、「反戦平和のために、戦時中、積極的にせよ消極的にせよたたかい、努力した人びと」（瀬長亀次郎・党創立十五周年記念論文）だった。軍事占領という、特殊な状況下で生まれた政党も亀次郎も、米軍が断じた「共産主義」という言葉に単純に閉じ込められるものではなかった。

ただ、沖縄人民党は日本復帰の翌年、科学的社会主義の党への発展を目指すとして日本共産党へ合流する形をとった。その後の亀次郎は日本共産党の衆議院議員として活躍、連続7期当選を果たす。

では、亀次郎は、共産主義者だったのか。

千尋に聞いてみた。

「学問的な部分においては、そうだったと思います」

そして、こう続けた。

「原書でマルクスの『資本論』やエンゲルスの『空想から科学へ』を読み、研究するなかで、なぜ貧乏人が生まれるのかがわかった、と言っていました。学問的には、そういう思想がいいと。しかし、それと当時の沖縄における政治的活動とは一線を画していたんです」

人民党の中に、一時、共産党の組織を作るという動きがあったという。しかし、〝党内党〟を作ることに反対していた亀次郎は、そもそも沖縄に共産党の組織を置くこと自体が不可能であるという考えだった。

亀次郎はかつての暴力革命にも反対で、千尋は、「もともと考え方のベースがちがう」と話す。

〝党内党〟の動きは、亀次郎が投獄されていた期間に活発になっていたが、出獄と同時になくなったという。

「父は、沖縄で共産党など組織できるものとは思っていなかったんですね。沖縄ならではの政党が必要だ、という考えが強く、それでできあがったのが人民党でした。父が、人民党は共産党ではない、というのはそこなんです。沖縄にとって何が必要なのかを常に考え、先を見通す力があった人だと思います」

亀次郎は常に沖縄の一般庶民に基盤を置いていた。身につけた学問的思想は、徹底的に弱者救済を目指す姿勢を貫かせた。そこに共鳴したのが、弱者である一般庶民たちであった。そして、その庶民たちが、亀次郎を那覇市長に押し上げた。亀次郎は、市長就任にあたって施政方針演説でこう述べている。

「沖縄の現状は、真の民主主義をいかに育成し、これをかちとり、市民の生活の向上と安定をはかることを要求している。

いま、沖縄において、特にその中心都市である那覇市において、私が全身全霊を打ちこんで守りぬかねばならないことは、犯されつつあるブルジョア民主主義である。したがって市長の市政に対する基本的態度は、ブルジョア民主主義を守り、育成することである。

市民の利益を守りぬくために一切の不正と不義をはねかえし、不当な干渉と圧迫に対して徹底的に抵抗するヒューマニズムの精神が私の市政に対する思想的根拠である」

共産主義者と目され、「赤い市長」と恐れられた亀次郎の口から飛び出した「ブルジョア民主主義の育成」という言葉に、記者団は目を白黒させ、「軟化したのか？」と問いかけた。亀次郎は、

「現在の沖縄は、まだブルジョア民主主義の段階にあり、それすら守られない占領下の沖縄だから、ことさら強調するのだ」

と答えるのだった。

右か左か、保守か革新か、そんな単純なものでは、亀次郎の思想は割り切れない。本土の政治的・思想的な基準はそのままあてはまらない。それこそが沖縄の歴史が生み出したアイデンティティーであり、価値ではないか。その意味で亀次郎は、右も左も保守も革新もあらゆる分類を超越した存在なのである。

沖縄の魂の殉教者

沖縄近現代史研究の第一人者の、比屋根照夫・琉球大学名誉教授は、同時代を生きてきた一人として、亀次郎の存在をこう評する。

「抵抗する瀬長の姿、逮捕、投獄される姿に、沖縄の魂の殉教者というかな、そういうものを市民は発見した。戦後の沖縄の抵抗者であると同時に、ウチナーンチュの魂の叫び、苦しみ、苦悩、そういうものを一身に引き受けた殉教者になるんじゃないか」

その意味で、これほど「土着」の政治家はいなかった、という。その発する言葉は、いつも民衆の実感に届いていた。民衆の生活に密着し、心のひだに分け入っていた。比屋根との対話を続けた。

――亀次郎の民衆との距離感と政治的立ち位置は。

「何かあると現場に駆けつけ、住民とともに闘った。政治家は、外来の思想などで飾るものだが、瀬長は、まったくそういうものから離れて、沖縄の土着を、体全体の体臭として、民衆に伝える。それも沖縄のウチナーグチ（沖縄方言）を入れて。特権的な政治家と違って、土の上に、沖縄の大地の上に立って発言するという徹底した立ち位置だから、歴史上で言えば田中正造のようなタイプだった。ああいう稀有な政治家が沖縄に生まれたのは奇跡に近い。困難ななかで、人々の魂を揺さぶった。政治のベクトルは、一貫して沖縄の側、民衆の側に立って、アメリカとの対抗軸を立てて、そこで発言し行動した」

――行動のキーワードは。

「民主主義だ。アメリカ側は、亀次郎を共産主義と決めつけて反共宣伝したが、那覇市議会で、私の立場はブルジョア民主主義だと。民主主義、そして民族自決主義だ。沖縄には日本国憲法が適用されていなかったが、アメリカの政策に抵抗して、日本全体がそうでなくてはならないという国家像としては、民主主義であり、民族主義であり、民族自決主義が一貫したものだ。しかも、その民主主義は、日本国憲法によって与えられたものとは質的に違っていて、瀬長の民主主義を勝ち取るという言葉はきらきらと輝いていた。そうした思いは一般の人々にも伝播《でんぱ》していく。沖縄の民主主義は、理論化というより、血肉化されたものだ。

政治の暴力に対して民衆の側の抵抗の論理は、不法な権力に対する抵抗民主主義だ。瀬長市政は、日本戦後思想史のなかでも稀有な事例だ」

――亀次郎は、沖縄の戦後の思想をつくる基盤になったのか。

「間違いなく、そう言える。沖縄にとって、沖縄戦の体験は、一つの不幸な体験ではあったが、受難のなかから、あらゆる命というものの重さを沖縄の人は受け取った。そして、瀬長が登場して活動するという、そのことの意味は、戦前の、抑圧され差別された沖縄から脱皮して新しいウチナーンチュというか、新しい沖縄人が戦争体験やアメリカの弾圧を通して、精神革命を遂げていった。

戦前の沖縄から戦後の沖縄への大きなその従属性からの脱却と、不法不義に対する抵抗への転換という、沖縄の大きな変化を領導したというか、それに大きな力を与えたのが瀬長亀次郎の不屈の抵抗の姿といえる」

真の英雄主義者

最近になって明らかになった亀次郎の演説がある。人民党結成直後、沖縄北部で行った演説会での発言が警察によって記録されていた。

１９４７年９月３日、奥間初等学校校舎に集まった男性約３００人、女性約３００人、翌４日に辺土名《へんとな》初等学校校舎に集まった男性約３００人、女性約２００人を前に亀次郎が行った演説の内容をまとめ、塩屋警察署長が沖縄民警察部長に報告したものだ。


私は今知念に住んで居ります。

全世界の民族は今民主主義に向けて進みつつあります。

基本的に民主主義とは戦勝国民も敗戦国民も新しい平和を建設して行こうというのが民主主義でありますが、もっと深い民主主義はあらゆる力を結集して軍国主義的封建的保守反動分子とのたたかいであります。

民主主義の大指導者ルーズベルトはアメリカが敗戦又敗戦をしているときでも指導者は民衆が苦しい時に全民衆の輿論を聞き、民意に応えてあらゆる政治力を結集して全民衆に秘しなく実情を明かして協力を求めてついに勝利に導いた。

又スターリンは我々は遂に勝利者となった、然し勝利者は常に批判されることを知らねばならぬ、我々は自らを批判し最善を尽くすべきであると教えた。

敗戦の憂き目を見た日本の東條（英機）は民意を無視し独専政治を行い、特高警察をもって秘密を保持し人民の耳、口、目をふさぎ、無理から民衆を戦争にかりたてた。所謂徹底的軍国主義的封建主義者の標本であった。

今まで我々の頭の中に入れ込まれたのは、この軍国主義である。

これを取りのけなければならぬ。

これをとりのけるには私はこの説明のために危険思想を説明いたします。

ここで宗教思想等各国の危険思想を説明す……。我々沖縄人の運命はロンドンにつながりニューヨーク、南京、東京につながっている。

即ち沖縄を支配する者は他国であることを思わねばならぬ。

我々を支配するこの者を恐れることなく見極め、我々の生きる道を求めねばならぬ。慎重に現実のこの姿を批判してこの中からのみ沖縄民族解放の道を見出さねばならぬ。

この道は人民自治政府の樹立により知事は我々の要求をいれ全力を尽くして我々に責任を持ち得る代表者であらねばならぬ。

斯かるときなるが故に我々はこの際日本の軍国主義に協力した指導者は自発的に公職を退いてもらわねばならぬ。

これ即ち人民党の口から叫ぶ公職追放令であります。

然るに諮詢会なるものも日本時代において戦争を指導してきた県議会議員からなり、民政府の役人たちも大部分がそれであるが為、公職追放令の答申案に対して白紙を出した。

日本の東久邇宮が日本は上は大元帥から下は一兵卒まで同様に戦争に協力したから日本には該当者は全国民であるといって全世界の物笑いとなった。

沖縄も正しくこの例に等しい。

彼らは沖縄からこの該当者を出した場合、沖縄は指導者がないと申しますが、勇気と熱のある若い人物は野人にいくらでもある。

若い者に政治を任したら混乱するといいますが、若い者はあるいは間違いを起こすこともありやすいかもわかりませんが、しかし、若い者は正当に批判されうる能力と間違いをとりなおす能力がある。

公職追放令の適用を勘弁してくれと言ったのは誰か……これすなわち保守的反動分子であります。

それから闇に対する政策は何であるか……米国の政策は尻上り式政策をとっている。例えば島内生産品が三あれば七の補給をする四あれば六の、五あれば五の補給をするというようなやり方である。

これではいつまでもいっぱいいっぱいで身動きとれないから闇は絶たない。

だから五の生産があっても七の補給を持続させるよう軍政府に交渉して余裕を持たせるようにすれば闇は解消する。

よく英雄主義といって口だけは私が何をしてやると大きなことを言って、実行の伴わない英雄主義者の多いことを残念に思うのでありますが、真の英雄主義者の基本的態度は報いられることを期待せず、献身的努力をする者である。吾々は前者の如き英雄主義者を一掃して各職域より後者の如き英雄を我々の代表として送り出し、集会結社言論の自由等すべて名目だけ自由であって治安警察法があるため真の自由が得られない。

我々はこの撤廃を要求しうる勇気ある主体を作らねばならない。

これはあらゆる勤労団体が結束して一致団結し英雄病者の持ついわゆる知事になりたい知事病とかいうようなものを治さねばならぬ。

私は一人でもよい、斯かる同志の出んことを我が沖縄民族のために希望し、報いられることを期待することなく努力あらんことをお願いしてご挨拶にかえたい次第であります。

ここでも亀次郎は、徹底して軍国主義を批判し、占領しているアメリカの指導者の姿勢まで讃えながら、民意に向き合う重要さを説き、そしていかに民主主義を獲得するのか、その道筋を模索していた。

与えられたものでなく、自ら勝ち取っていった沖縄の民主主義。その原点が、ここにある。

エピローグ　亀次郎の遺したもの

死線を乗り越えて

沖縄が日本に復帰してから15年が経った、１９８７年6月10日の日記だ。

〈真っ赤のバラなどの大きい花束を贈られる。どうしたんですか。けうは、セナガさんのたんじょう日ですよ〉

亀次郎は、真っ赤なバラの花束を贈られて初めて、自らの80歳の誕生日に気づいた。

その2日後の日記に、〈今期限りで、衆員をやめること　決意する〉と書いている。次女・千尋は、父・亀次郎は、世代交代を意識していたと振り返る。８月21日の記者会見で政界引退を明らかにし、

「自ら情勢判断、先の見通しを持って決めた」

と述べた。翌朝の沖縄タイムスは、

「瀬長氏の勇退は、本県戦後政治にとって一つの『節目』をなす」
　と書いている。

　その年の12月15日、衆院議員宿舎で亀次郎が突然倒れた。病名は脳梗塞《のうこうそく》。米軍によって投獄されてから40年以上続けてきた日記も、もう積み重ねることはできなくなっていた。

　最後に記されていた言葉は、「フミ上京」。

　半年遅れの、亀次郎80歳を祝う会に出席するため、妻のフミが上京していた。亀次郎が倒れたのは、その祝いの4日後のことだった。常に亀次郎に寄り添い、支え続けたフミの名が日記の最後の最後に登場するのは、偶然とは思えない。

　亀次郎は、集中治療室に運びこまれたが、10日もすると危機を脱し普通病室へ。2ヵ月後には、車いすでリハビリに行けるようになるまでに回復した。

　翌1988年3月に沖縄の病院へ転院、1989年10月には自宅療養が可能になり、フミと千尋が介護を続けた。

　亀次郎は、若い頃から決して体は強くなかったが、何度も死線を乗り越えてきた。千尋は、父を支えてきた気力の源を日記に見つけていた。

　1958年3月15日、市長を追放されたあと、体調を崩していた亀次郎は、入院先から立法院議員選挙の応援演説に出掛けていた。その具志頭村での演説会では、雨が降り出した。

「本降りになってもカメジローは50分間はしゃべりつづけますが、降り出したらどこかに雨よけをさがして最後まで聞いてください」

それでも聴衆は雨を気にせず、熱心に耳を傾けた。演説を終え病院に戻ったとき、時計の針は午前1時を回っていた。

〈これでたたかいはすんだ。

58回の演説会を全くたおれず終えることが出来た。島君の努力と県民大衆の心からの支持がこの半病人のからだをもちこたえたのだ。さて明日から闘病だ。しばらく。

戦争屋どもをこの島からおっ払うためにはいましばらく生きる必要がある。

死んではならん。セナガのからだと精力はまだ沖縄解放にとってなくてはならん要素である。からだを丈夫にしよう。一種の肉弾だからね〉

千尋は、この日記をコピーして病室の壁に貼り、これをながめながら、介護にあたっていた。

まだやり残したことがあるという思いが、亀次郎自身と家族を支えていた。

胸中燃えしか　病床の夫

1995年9月4日、2人の海兵隊員と海軍兵1人が、わずか12歳の少女を拉致し、集団で暴行するという卑劣きわまる事件が起きた。

この事件で、沖縄は再び激震する。基地の整理縮小を求める声が燎原《りょうげん》の火のように広がり、当時のアメリカ・クリントン政権は普天間基地の返還決断に追い込まれる。

10月21日の「沖縄県民総決起大会」には8万5000人の民衆が集結、宜野湾市の海浜公園が抗議の人で埋め尽くされた。当時の県知事・大田昌秀は、

「行政をあずかる者として本来一番に守るべき幼い少女の尊厳を守れなかったことを心の底からお詫びしたい」

と述べ、同じ壇上にあがった高校生の少女が、

「軍隊のない、悲劇のない平和な島をかえしてください」

と静かに、しかし強く訴えた。

その模様を、亀次郎は、病床のテレビで見ていた。


デモ隊をテレビで見る目輝きて　胸中燃えしか　病床の夫《つま》

夫の様子を、フミはそう詠んでいる。亀次郎の輝く目は、なお闘いつづける民衆の姿に頼もしさを感じたものだった。

1999年、92歳となった亀次郎は、衰えが進んでいた。耳は聞こえているようだが、話しかけても反応が返ってこない。入院先の沖縄協同病院の病室で見舞い客が手を差し出す

と、亀次郎も反射的に手を出していた。

その様子を見た千尋は、「職業病だね」と笑った。

「亀次郎さんは、たくさんしゃべったから、もうしゃべらんでいいよ」

見舞いの支援者たちはそう亀次郎に優しく語りかけ、介護にあたる千尋には、「あなたは県民を代表して介護しているんだから、体を大事にしてね」とねぎらった。

そんな状態のまま、亀次郎は2年以上を生き抜くが、2001年9月11日朝、心停止という事態に陥った。

担当医の処置でなんとか心臓は動き出し、いったんは危機を脱したが、千尋は医師に「あと2～3日」と告げられる。

奇しくもこの日、アメリカで同時多発テロが起きていた。

それから24日。10月5日夜10時すぎ、それまで、「スー」「スー」とゆっくり息をしていたその呼吸が、突然止まった。

10人ほどの家族がベッドを囲むなかで、静かに、「まるでろうそくが燃え尽きるように」(千尋)、その激動の生涯の幕を閉じた。

千尋は思わず、「お父さん、よくがんばったね」と声をかけていた。

フミはすでに覚悟していたのか、その瞬間も落ち着いていたという。

告別式の後も、初七日まで続々と弔問客が訪れた。フミは、ずっとひざをついて一人一人

に挨拶していた。千尋らが、足をくずすよう言っても、

「お客様に失礼に当たる」

と言って聞かなかった。

なぜ「不屈」なのか

亀次郎は、好んで色紙に「不屈」の文字を書いたが、その生き方は、まさに「不屈」の歩みであった。千尋は言う。

「なぜ『不屈』と書くか。沖縄の県民の闘いが不屈だから、自分はこの言葉を好んで色紙に書いている、と言うんです。でも、県民は、亀次郎のことを『不屈』と言うんですね。だから、『不屈』なんだろうと思ってるけど、亀次郎は、県民の闘いが不屈だから、この言葉が好きと言ってるんですね」

千尋は、亀次郎が倒れたのを機に勤めていた琉球大学生活協同組合を退職、また手芸作家としての活動も休止し、14年に及ぶ介護生活を送った。その晩年に最も近い場所で寄り添っていた。

最近になって思い出した光景がある。

それは、最晩年の亀次郎が、病室に来た千尋の娘・愛を手招きする姿だ。亀次郎は、

「コゼットちゃん、こっちへおいで」

と、いつも語りかけていた。

「コゼット」は、かつて投獄されたばかりの独房で読んだ『レ・ミゼラブル』に登場する少女の名だ。千尋の顔さえわからなくなっていても、いつも愛を「コゼットちゃん」と呼んで笑顔で手を握っていた。

『レ・ミゼラブル』は、パンを盗んだことで19年も監獄生活を送ったジャン・ヴァルジャンの生涯を描いたものだが、その主人公の生き様をかつて投獄された自分自身と重ね合わせていたのか。人生の最後に思い出していた風景は、人民党事件、そして沖縄刑務所という、自らの「不屈の闘い」の出発点だった。


その姿は、人々の心に何を残したのだろう。

日本軍国主義への嫌悪からアメリカ民主主義に憧れたものの、米軍内で占領の実態を目の当たりにした上原源栄はこう語る。

「瀬長さんがいたから、私も闘いに参加することになった。亡くなっても瀬長さんを思い出す。アメリカという強大な軍事支配下で、めげずに果敢に闘ってくれた。大衆とともにがんばってくれた。これは世界史的な非暴力の抵抗運動の一つですよ。インドでガンジーなら、沖縄ではセナガです」

上原は留学先のアメリカで、亀次郎の那覇市長当選を伝える「赤い市長誕生」という記事に触れた。思わず、「瀬長さん、那覇市民の皆さんありがとう」と叫んでいた。

あの日の興奮をいまも忘れないでいる。

伊佐浜の土地接収の際、最前列にいた前原穂積には、亀次郎の〝ギャップ〟が印象的だった。

「すごい人だったな。芯が強い。根っからの闘争心そのもので。でもそれでいて柔らかな人だった。硬軟両様だった」

労働争議の現場で、米兵に銃を突きつけられた真栄田義晃の部屋には、亀次郎の笑顔の写真が飾ってある。

「いまでもすごい指導者だったなと。ああいう人がウチナーには必要だな。この人がいなければ、私はいませんよ。この人から民主主義とは何かを教わった。私にとって、兄貴でもあるし、オヤジでもある。瀬長さんがやったことは沖縄解放の原点です。この人ね、本当に沖縄を愛してるんです。沖縄と聞いただけで、涙が出る。沖縄に生まれてよかった」

真栄田と同じく、人民党で亀次郎を支えた仲松庸全はこう言う。

「瀬長さんは、県民のために生きていた。偉大だった。曲がらないから折れないし、信念を通す。もし尊敬する人を挙げなさいといわれたら、瀬長亀次郎ということになりますね」

米軍の兵糧攻め、水攻めの際、市民の納税の列に驚いた元市職員の宮里政秋は語る。

「瀬長さんに教えてもらったことは、不屈、そして、ぬちかじり。一生懸命、命を賭してという意味の言葉があるんです。ぬちかじりと不屈の闘いを沖縄県民もやってきた。不屈の闘いがいま、オール沖縄になっている。瀬長さんが、沖縄県民に引き継いでいったんです」

その流れを、琉球大学名誉教授の比屋根照夫は、こう読み解く。

「沖縄の民衆運動は、谷間の時代もあるが、一貫して流れているのは、アメリカ占領時代の不法や不義に対する抵抗の精神。それが、いまの日本政府の沖縄基地政策、構造的差別への抵抗に結びついている。思想の流れは、その時代の血脈や底流になって流れていく。沖縄は常に過酷な現実を目の前にしているから、その血脈や底流が途絶えることはない。戦後沖縄の抵抗運動は、断絶しているのではなく、継続している」

抵抗は友を呼ぶ

戦後70年を迎えた2015年。

いまだ戦争の負の遺産を背負う沖縄の闘いは続いていた。

5月17日、辺野古新基地建設反対を訴える県民大会が、那覇市にある沖縄セルラースタジアム那覇で行われた。翁長雄志知事はじめ登壇者とスタンドの参加者が一体となってメッセージボードを掲げた。そこに書かれていたのは「屈しない」の文字だった。

「我々は屈しない！」という掛け声に続き、参加者が「屈しない！」とあげた声は、スタジアム全体を包み込んだ。

「不屈」の精神は、60年の時を超えて、県民の心に根ざしていた。

翁長知事は、２０１４年12月の所信表明でこう述べた。

「過重な基地負担に立ち向かうことができるのは、先人たちが土地を守るための熾烈な『島ぐるみ闘争』でウチナーンチュの誇りを貫いたからであります」

その先頭にいたのが、瀬長亀次郎その人であった。亀次郎の足跡をたどる資料館「不屈館瀬長亀次郎と民衆資料」が開館したとき、当時那覇市長だった翁長は、

「瀬長亀次郎先生の生き様は、私も心から尊敬しておりました。不屈の精神が語り継がれることを祈っております」

と祝電を寄せた。翁長は、政治的には保守の立場を貫き、亀次郎とは立ち位置を異にしてきたが、亀次郎に対する敬意は純粋なものだった。

その翁長は、辺野古新基地建設をめぐり国に訴えられた裁判の開廷前の集会で、こんな演説をしたことがある。

「私たちは、どんなに厳しいことがあっても、粘り強く、力強く未来を見据えてがんばっていく。そして何十年かあとに、子や孫が歴史を振り返って、あのころの私たちががんばったから、いまの私たちがあるんだね、と言われるような思いをもって、がんばっていかなけれ

ばならない」

民衆から、「そうだ！」の声があがり、会場を大きな拍手が包んだ。千尋は、そのシーンに父の出獄を重ねていた。

「こんな熱気だったと思う。自分たちのところにもどってきた、という、ちょうどこのあたりで」

現在の裁判所がある土地には、かつて亀次郎が収監された沖縄刑務所が建っていた。

「何百名の人が待ち受けて歓迎しているのとダブって……。そうだったなと、場所もここなので。民衆の力は（いまもむかしも）同じだと思いますね」

亀次郎がこの世を去ってからも、沖縄の民衆に「不屈」は受け継がれてきた。

２００７年9月29日、沖縄戦の強制集団死に関する記述をめぐる教科書検定で、日本軍の関与が削除されたことに抗議する県民大会には11万６０００人が集まり、会場の宜野湾海浜公園を埋めた。

沖縄の人々にとって、歴史の改竄《かいざん》はアイデンティティーの否定にほかならない。絶対に受け入れられるものではない。

２００９年、のちに首相となる民主党の鳩山由紀夫代表が普天間基地について「最低でも県外移設」とぶち上げたことから、沖縄には期待が高まっていた。しかし、政権交代から2ヵ月もしないうちに、鳩山は公約をめぐって「時間というファクターによって変化する可能性は私は否定しない」と述べ、疑念が深まっていく。そして２０１０年4月25日、読谷村運動広場に、９万人が集結し、普天間基地の県外・国外への移設を訴えた。

２０１２年、安全性に疑問符がついた輸送機オスプレイの沖縄配備が公表された。配備は１９９６年に決まっていて、日本政府にも伝えられていたが、当時の自民党政権は公表せず、「聞いていない」の一点張りだった。

同年9月9日、宜野湾市の海浜公園に10万１０００人が集まり、炎天下で声をあげたが、３週間後にオスプレイは次々と飛来した。

大会を引っ張ったのは、当時那覇市長の翁長だった。翁長はこの日、沖縄は一つになろうと訴えた。保守政治家を自認する翁長が赤い鉢巻をしめ、横には、沖縄の名だたる革新政治家が並んでいた。

２０１３年12月25日、首相官邸を訪れた、当時の県知事・仲井眞弘多《なかいまひろかず》に、安倍首相は毎年３０００億円台という沖縄振興予算を提示した。仲井眞は「有史以来」と高く評価。「これはいい正月になるな、というのが私の実感」

という言葉を残して沖縄に帰る。振興策は基地とリンクしないはずだったが、２日後、辺野古の埋め立て承認を表明した。

２０１０年の知事選での「普天間基地の県外移設」という公約放棄の批判を免れないもので、この選挙で選対本部長を務めた翁長への相談もないままの仲井眞の心変わりで、二人は訣別する。

２０１４年11月16日投票の知事選で、翁長は仲井眞に挑み、圧倒的な票差で勝利した。事務所内に、１年前の仲井眞の言葉を皮肉った「これでいい正月が迎えられます！」という声が響いた。

米軍関係者による犯罪は止まるところを知らない。

２０１６年４月、20歳の女性が、元海兵隊員で軍属の男に暴行され殺された。６月19日に行われた、被害者を追悼する県民大会では「怒りは限界を超えた」「海兵隊は撤退を」というメッセージが掲げられた。

７月22日、北部訓練場の一部返還に伴い、東村高江の集落の周囲にヘリパッドを新設することに抗議する住民が強制排除された。

10月には、警備にあたる機動隊員から、工事に抗議する作家・目取真《めどるま》俊《しゅん》さんに「土人」という言葉が浴びせられた。

９月16日、翁長知事の辺野古埋め立て承認取り消しは違法という判決が福岡高裁那覇支部でくだる。

12月13日、政府が「安全」だと強調したオスプレイが、名護市の海に墜落し大破。機体はまっ二つになっていた。政府は、これを墜落ではなく、不時着だと強弁し、沖縄県警の警察官が現場を「守って」、地元の名護市長や知事さえ現場に寄せ付けなかった。

12月22日、北部訓練場の返還式が名護市で行われた。

政府からは菅義偉《すがよしひで》官房長官、稲田朋美防衛相（当時）、米政府からもケネディ駐日大使（当時）が出席したが、翁長知事は欠席し、同じ名護市内で行われた「欠陥機オスプレイ撤去を求める緊急抗議集会」に参加した。政府のイベントを蹴って県民との場に姿を見せた知事を迎える拍手は、なかなか止まなかった。

２０１７年３月25日、辺野古での埋め立て工事の即時中止を求める集会で掲げられたプラカードにあったのは、亀次郎が残した言葉だった。

「弾圧は抵抗を呼ぶ　抵抗は友を呼ぶ」「不屈」

〈民衆の憎しみに包囲された軍事基地の価値は０に等しい〉

亀次郎は、日記にそう書き残している。

まるで、いまの沖縄の姿を予見したかのように。

沖縄は、自らの手で民主主義を勝ちとり、今日なお、真の民主主義を求める闘いのなかにある。そして、その闘いを通して、強くなった。原点は、瀬長亀次郎。「むしろのあやのようにまっすぐ生きなさい」という母の教えを地で行ったその人生は、大地に根を張るガジュマルの木のように強靭《きょうじん》だった。

（了）

晩年の亀次郎とフミ夫人。
鋭い眼光は失われていない

後記

「沖縄に行けば、日本が見える。この国の矛盾が詰まっているんだ」

10年間番組をともにした、ジャーナリスト・筑紫哲也さんの言葉に衝《つ》き動かされるように、私は沖縄に通いつづけてきた。いまもって筑紫さんに引っ張られているような気がしている。

「カメジロー」との出会いは、20年以上前にさかのぼる。それは初めて訪れた読谷村の彫刻家・金城実さんのアトリエだった。その作品「銃剣とブルドーザー」は、銃剣を構える米兵、ブルドーザーと、民衆や歴史上の人物が対峙する姿を現す塑像で、金城さんは塑像に表した人物を、ひとりひとり教えてくれた。

「これが、瀬長亀次郎だ」

カメジローは、右の人差し指を高々と上げていた。その先にあったのは、復帰を求め続けた祖国だったのか。その姿勢が表すような一途な生き様は、いまもなお人々の心に深く刻まれている。いつか向き合いたいと思っていた人物だ。

制作したドキュメンタリー映画「米軍《アメリカ》が最も恐れた男　その名は、カメジロー」を、沖縄で全国に先駆けて公開した。その初日となった２０１７年8月12日、那覇市の桜坂劇場の前にできた終わりの見えない大行列を私は一生忘れない。劇場の３００席のホールはすぐに満席となり、なお１００人以上が入場できずに溢れていた。ある人が声をかけてくれた。「行列に並んだ知らない者同士が、亀次郎の思い出話で大いに盛り上がって、いまのわじーわじーした気持ちを分かち合ったわけ」

60年前の演説会の雰囲気そのままに、人々は久しぶりにカメジローに会いに来ていた。カメジローはいまも愛され、求められている人物なのだ。

上映後の客席は、映画と一体となったようだった。それを包むのは、人々が持つ〝亀次郎体験〟と、それぞれが共有した時代への特別な感情に見えた。「私の人生を振り返るようでした」という女性もいた。その女性がともに歩んだ沖縄の戦後は、本土のそれと大きく違っている。平和憲法を手にし、あっという間に民主主義の世の中となって経済復興を果たした本土と、戦争が終わっても平和がやってこなかった沖縄。そこへの認識の欠如こそ、溝や温度差と表現される両者の関係の背景ではないだろうか。

長くニュース番組にかかわり、沖縄の取材を続けながら、問題の全体像を伝えきれているだろうか、ともどかしさを感じていたなかで、戦後史の認識の空白を少しでも埋めることができれば、問題の核心に近づけるのではないか、ならば、戦後史の主人公であり、沖縄の人々に鮮烈な記憶を残しているカメジローを通して歴史を伝えたい――。そう考えたのが制作のきっかけだった。そこで最も伝えたかったのは、カメジローの生き様はもちろんだが、その歩みが常に民衆とともにあったことだ。

いまも毎回何万もの人が集まる県民大会や、国に訴えられた裁判の開廷前に人々が被告の知事を大声援で法廷に送り出す集会の光景は、沖縄をおいて、この国のどこにもみられないものだろう。この光景はどこからくるのか。その原点をたどると、カメジロー時代に行き着いた。現代の民衆の姿は、カメジロー時代のそれと重なる。歴史上の一つ一つの点を結んでみると、一本の線となり、いまがある理由がみえてくる。過去といまがつながった。

しかし、これは沖縄だけの歴史ではない。まるごと日本の戦後史である。

戦後レジームからの脱脚とよく言われるが、一番古いレジームを押しつけられたままなのが沖縄である。根源的な矛盾を長く背負わせたままにしているのを忘れていないだろうか。戦後の私たちの国の成り立ちに、いま一度目を向けることは、これからの私たちのありようを考えることにつながるのではないかと思う。

問題に対して賛成でも反対でも、まずは前提となる事実認識を共有した上での議論が必要である。認識から抜け落ちた歴史や事実があっては、およそまっとうな議論には至らない。

本書がそのための入り口になれば幸いだ。

取材で亀次郎体験を伺った島袋善祐さん、仲松庸全さん、稲嶺惠一さん、真栄田義晃さん、上原源栄さん、前原秀子さん、前原穂積さん、上原徹さん、比屋根照夫さん、宮里政秋さん、ハワード・マックエルロイさん、知名定男さん……貴重な証言が、私を当時にいざなってくれた。証言者ひとりひとりの表情を生き生きとさせたのは、まさにカメジローの力ではなかったか。

そして、200冊に及ぶ日記や論文など多くの資料を提供していただいた内村千尋さんの存在なくして映画も本書もなかった。心から感謝申し上げたい。さらに、当時の資料発掘では仲本和彦さんをはじめとする沖縄県公文書館の皆さん、嘉陽順さんほか琉球放送の皆さんに多大なご協力をいただいた。そこから多くの事実が浮かび上がり、いまにつながる歴史に光を当てることができた。

今回の出版は、同僚の竹内明さん、豊田和真さんが強く背中を押してくれたのが出発点だった。講談社の浅川継人さんは、様々なアドバイスとともに私を最後まで導いてくださった。

そして、最後に、この本を手に取ってくださり「カメジロー」を体験した、すべての読者の皆さんに御礼を申し上げたい。

皆さま、ありがとうございました。

2018年1月

佐古忠彦

主な参考文献

*『沖縄の心　瀬長亀次郎回想録』新日本出版社
*『不屈　瀬長亀次郎日記』第1部〜第3部　琉球新報社
*『民族の悲劇』瀬長亀次郎　新日本出版社
*『民族の怒り』瀬長亀次郎　新日本出版社
*『民族の未来』瀬長亀次郎　新日本出版社
*『沖縄からの報告』瀬長亀次郎　岩波新書
*『瀬長フミと亀次郎』内村千尋　あけぼの出版
*『カメジロウの遺言』瀬長瞳　ゆい出版
*『熱い太陽のもと激動の島に生きる』瀬長フミ
「瀬長フミ」自伝出版実行委員会　あけぼの出版
*『不屈館ガイドブック』不屈館開館ガイドブック編集委員会
*『沖縄の青春』佐次田勉　かもがわ出版
*『米軍占領下の沖縄刑務所事件』瑞慶覧長和
月刊沖縄社
*『近代沖縄の精神史』比屋根照夫　社会評論社
*『戦後沖縄の精神と思想』比屋根照夫　明石書店
*『沖縄の戦後思想を考える』鹿野政直　岩波書店
*『沖縄戦後民衆史』森宣雄　岩波書店
*『沖縄人民党の歴史』沖縄人民党史編集刊行委員会
*『醜い日本人　日本の沖縄意識』大田昌秀　サイマル出版会
*『沖縄の帝王　高等弁務官』大田昌秀　朝日新聞社
*『戦後沖縄史』新崎盛暉　日本評論社
*『日本にとって沖縄とは何か』新崎盛暉　岩波新書
*『沖縄現代史』新崎盛暉　岩波新書
*『沖縄現代史』櫻澤誠　中公新書
*『〈日本人〉の境界』小熊英二　新曜社
*『おきなわ：世の間で』筑紫哲也　沖縄タイムス社
*『沖縄が問う日本の安全保障』島袋純・阿部浩己
岩波書店
*『琉球放送十年誌』琉球放送
*『沖縄県史』資料編2　沖縄県教育委員会
*『沖縄県議会史　第二巻通史編2』沖縄県議会
*『沖縄県警察史』沖縄県警察史編さん委員会編
*『沖縄縣の歴史的関係及人情風俗』沖縄聯隊区司令部
沖縄刑務所
*『資料日本占領〈1〉天皇制』大月書店
*『沖縄戦と民衆』林博史　大月書店

主な参考文献

琉球新報
沖縄タイムス
沖縄新民報
朝日新聞
毎日新聞
東京新聞
沖縄民政府会議録
那覇市議会会議録
復帰措置に関する建議書　琉球政府
沖縄及び北方問題に関する特別委員会議録
瀬長亀次郎インタビュー　琉球放送
ジェームス・E・ムーア　インタビュー　琉球放送

参考資料

２０１７年夏、亀次郎が残した論文が、またひとつ見つかった。

終戦直後の１９４５年12月に記された「新沖縄建設への想念」。戦後どう立ち上がり、生きるべきか思いをめぐらせている。亀次郎のその後の生き方の指針ともいえる初公開の論文である。沖縄の軍事占領が決まる前につづった決意。日本の軍国主義を批判し、世界情勢を冷静に見きわめることを求めたうえで、沖縄に根ざしながら、いかに立ち上がるかを説いている。ここからは、ただひたすら「沖縄の未来」を思う亀次郎の姿が浮かぶ。

新沖縄建設への想念

母逝き、父は病の床に在る。母の葬儀の立派さ、感謝に堪えない。亡き母への孝養は父にもっと生きて貰ふことである。努力しなければならない。それにしても廃墟と化せる島にある住民のうめきに想到するとき、「済まん」といふ堪え得ざる心の叫びに圧倒される。毎日マラリヤで倒れ行く幾百の栄養不良の民、死して尚畜類の如く葬られねばならぬ住民現在の苦悩

新沖縄建設の想念の基底は其處に在る

我々は此の基底の本質を十分知ることから始めねばならぬ。

だがそれは現象的な解釈と理解にならされたブルジョア教育の本質、それは深く浸み込める自分達の頭脳の清算、所謂純正な自己批判からのみ可能である

自己批判は自慰に陥る虞れが充分に警戒すべきである。

純正な自己批判は常に輝ける勝利と榮光をもたらした。

それは同志相撲、同胞相喰む実想への強烈な鉄鎚だからである

住民現在の苦悩を和らげ、救ひ出す道が一つある。

「生きやう、然らざれば相共に墓場へ！」

新沖縄再建の指導者に與へられたスローガンはこれである。悲壮な言葉ではある。だがそれは民衆の心からの叫びであり、亡霊の如く、廃墟の島の身擐ひでもあるのだ。

純正であるべき自己批判の美名の「みの」を着て虎の威を借りる心の動きは警戒すべきである

しかし、それにも増して破砕されねばならぬのは左翼小児病的な革命家的言辞である。前者が民衆の敵たることは立處に判明する。後者はその革命家的言辞の故に、相当期間民衆の指導者たるの観を呈し、●●への闘争が深刻を極めて後、始めて左翼小児病的其の本質を露呈するに至る、それ故にこそ後者がより以上批判の対象たることを十二分に理解せねばならぬし、端的に実践に移すべきことが各自に要請せらる。

民政への準備としてか、選挙は行はれ、軍任命の村長退陣し、市長が生れ、市會が一應は民衆の輿論機関たる相ぼうを呈して前面に現はれた。日本的な質問戦は展開されX氏がその鋭鋒受けて立つには立った。だが、虎の威を借りることにならされた彼氏は答辯に事欠いて「実は軍命令でやったことだから私の関知する處でない」とそのダラ漢的風ぼうを擴はした。素裸であるべき答辯者が虎の皮着て身擐いしたのだ。議場騒然として直接軍の答辯が要求され、間もなく軍の責任者現はれ、

「お前達が協議したことではないのか」とむしろ逆襲して来たのだ。虎の皮はダラ漢の皮膚に早替りし、民衆の代表はあ然！　又呆然！

「戦争は済んでゐるのだ。そんなことするんなら、やっつけろ、殺したって構はん、誰が命じたかとも問はれたらこのオレだとはっきり言へ」

↑何と言ふ立派な革命家的言辞であることよ、この人は強い、この人ならでは現在の苦境から我々民衆を救ひ出すことは出来ない「救世主よ」と人々は高らかに讃歌を歌ふ

米軍の侵攻し来るや陛下の大佐は「秋は来た進め者共」と下知した命令は少佐に下され、大尉に至り、少尉に傳はる。少尉は民衆から徴発した所謂竹槍の一群と武器を持たざる女学生をせん動する「進撃だ、征け」

祖国防衛の熱情沸き立つ哀れな若者達は猛進し友の屍を乗り越え踏みつぶして跳躍又前進する

かくて革命的‼　救国の大佐はみどりこき深山に生き残り竹槍の群は殲滅されたのだ、終りである。

左翼小児病的革命家的言辞の如何に戦慄すべき敵たるかを知ることが出来やう。

この事実は将来益々加はり、愈々民衆の苦悩を深刻化することに想到する時、各々の闘志は烈火のごとく燃え揚るのを覚える

批判の対象

批判の対象は〝敗れたり〟の根底にある。アリアン民族の血の純潔を高唱し、独逸民族を残亡の地獄へ叩き込んだナチィズム、それに絛を索く日本的ファッシズムの特質を我々は理解することなのに殆んど信仰に近い迄に信じさせられ否それに眩惑させられて来た。眩惑の巷に苦闘する姿こそ日本を筆頭に全敗戦国民の哀れな現在までのポーズであったのだ

ヒットラーの代表するナチィズム独逸はさておき、天皇の代表するファッショ日本の全経済機構と其の上に打樹てられた政治、社會、宗教、文化、教育等々に対する徹底的批判は縣民の指導者に正しき指導原理に到達する示標を與へるだらう

近くは過去、四分の一世紀に亘って、直接日本を指導したミリタリズムの鮮かすぎる程の轉落振りと轉落の由因、ミリタリズムに八宏（紘）一宇の侵略政策を企図する基石を敷き與へた財閥の日本的資本主義の本質、才一銀行を全体的に所有することにより、日本の金融を代表せる日本銀行を始め其の他全金融機関を通じて財閥を躍らした皇室の驚くべき巨大資本の魔手、等々。

一大侵略戦争を誘発した日本的封建主義の残滓と金融資本主義との混淆物、その上にすっくと立ちはだかって民衆を抑圧し来った日本ミリタリズムへの苛責なき解剖こそは眩惑の世界から榮光燦と輝く平和な世界へ、冷静なる自己把握へと吾々を導き寄せるであらう

指導理念

かくて、完全に自己を把握し正しくも平和な自分自身をとりか（え）した時必然的に到達し行く彼岸は何處？太平洋の荒波寄せる米国資本主義の舞踏場でなくて何處だろう。アメリカは現実に我々の支配者である。軍政であると民政であると、歸属が日本であると、支那であるとに関せず、アメリカは我々の支配者であり、あるだらうことに変りはない。

アメリカ資本主義の大舞踏場に於いて我々が再び眩惑するその時こそ永々に救ひの神は我々を見はなすであらう

乱舞し廻轉又廻轉する舞踏場に眩惑することなしにアメリカキャピタリズムの本質を究明しその悩みを根本的

に學び知ること、何をおいても沖縄の指導者はこのことを果さねばならぬ義務を宿命的に負はされてゐるのだ。
筆者は今アメリカキャピタリズムの悩みと言った。然り深き自己撞着と自己矛盾を腹一杯包蔵せる世紀の悩みであるのだ
自己撞着と自己矛盾を包蔵しつゝもその最大唯一の敵コミニズムを迎へ撃たねばならぬ必然的命題を如何にしてアメリカは解決せんとするか
いまだ青年期に達したばっかりのソビエットの代表するコミニズムと既に壮年期を遥かに越してゐるアメリカ資本主義との攻防戦！
この攻防戦は火蓋を切るや如何なる国も其の爆風圏外に立つを許さないであらう。原子爆弾以上の強烈なる破壊力をもって相面見得、人類の前史終るの惨劇が或ひは展開されるだらう
かかる攻防戦の間に在り、しかも防ぎ手の支配下といふ位置を十二分に理解することは従来喰はず嫌ひ以上に唯盲目的に〝悪〟と信じ切って疑はなかったソヴエットロシヤの生産機構の研究へ、政治・経済機構其の他几ゆる上層文化に対する青年的批判と検討へと我々を追ひ込むであらう
青年期コミニズムの攻勢の足場、壮年期を越したキャピタリズムの修正といふ米国の悩みと其の弱味。
もしこれらに対する検討に狂ひがなく我々が正しき結論を導き出し得た時初めて廃墟の島沖縄住民の指導理念は自分達の把握の中へ飛び込み来るのだ
かくして得られた指導理念はただに沖縄住民のもののみならず日本は勿論全被抑圧民族の指導理念でなければならぬ
大和世《ヤマトユー》以前琉球の為政者の悩みは大和と大国支那との両手使ひの悩みではなかったらうか
しかしながら現段階は本質的に異る立場にある。それは見えざる思想のしのび寄りであり霊の把握にまで到達す

べき世紀の旋風であるからだ

旋風の前夜は長からう。如何に長くとも必然的に運命は必ず到来するだらう

◎現在の指導者

不幸なるかな我々は過去四分の三世紀に亘って〝琉球人が大和民族である〟といふ裏付けに精魂の限りを盡して来た。恥しいが吾々は素直にこの事実を認めねばならぬ、〝琉球人は馬鹿にされてゐたので〟。一種の喜劇に近いがあきらめやう

しかしもうか丶る民衆指導の態勢は眞平御免である

眞平ではあるが我々はそれを繰り返す軌道敷設を急いでゐやしないか

まさか〝沖縄人はジャップで御座い〟を裏付けんとする努力ではなからう

音楽であれ、舞踊であれ、演劇であれ、こんな高い文化を持ってゐたのですぞと斯かる宣傳に精魂をうち込まんとする傾向はないだらうか。沖縄に於いては如何に高く文化的に評價されやうが最高潮に達せる資本主義文化を満喫せるアメリカ支配者達に同じ評價を強ひるのは無理であり寧ろ無茶苦茶に近い。沖縄文化の宣傳がよくないといふ意では断じてない。それのみに精魂を傾け支配者の悩みを知らんとせず、徒らに末梢神経的雑事を追ひ廻はし我がことなれりと思念する時、又何をか言はんやが自然に唇を蹴破って飛び出すことを如何にせんと言ふのである。

土を踏むのだ。我々は、中空高く飛んではいけない

◎沖縄の歸属

沖縄の歸属を知り度い欲望は大きい。

日本に歸属したい、米国に属した方がいゝ、支那には否である、意見は区々町々である。日本に歸して貰ひ度い希望を沖縄全住民の希望として米軍に陳情した勇士ある●●も聞いた。米国の属領たることが島の住民は幸福であると語る指導者もあるやうである。希望としては両者理由はついて居り、もっともである響が傳はる

沖縄の歸属が決定されるのは開かれるだらう平和會議に於いてである

決定するのはコミニズムの防ぎ手である米国キャピタリズムが未来の攻防戦に必要か否かに依るものだらう。九州と台湾の間に緩い曲線を描いて点在する相変らず濤波高き太平洋の庭石、キャピタリズムの波濤が飛沫を上げて砕けるだらうと言はれる万里の長城を持つ雄大な支那大陸への一環、将来平和に貢献し得ると認められた日本が攻防戦の緩衝地帯として否寧ろコミニズム防衛の前衛として使用し得るとの米国の確信、一年後か二年後かは知れないが山積するだらう未来戦への斯かる諸條件の戦略的綜合の●が我々の知らんとする歸属に解決のキイを渡すであらう。

流れ行く現実に基礎を持ち得ない希望的観測、常に苛烈な現実に踏みつぶされて来た夢想だに許さなかった本島内縦横に走る素晴らしい道路網、飛行場、港湾施設、特定場所に於ける永久的建築物の構築等々、現象的形態に依って歸属問題を理論化せんとする傾向も亦慎しむべきではなからうか

世界史の方向の理解に全精力を叩き込むことこそ歸属問題を通じて被抑圧民族の指導理念を確立する源泉であることを確信せざるを得ない。

（未完）

〈著者略歴〉
佐古忠彦（さこ・ただひこ）

神奈川県川崎市出身、青山学院大学文学部卒業。

1988年TBS入社。1996〜2006年「筑紫哲也NEWS23」キャスター。2006〜2010年政治部。2010〜2011年「Nスタ」、2014〜2017年「報道LIVEあさチャン！サタデー」「Nスタニューズアイ」キャスター。

2013年〜「報道の魂」（現「JNNドキュメンタリー ザ・フォーカス」）プロデューサー。近年では、2013年「生きろ〜戦場に残した伝言」、2014年「生きろ〜異色の司令官が伝えたこと」「茜雲の彼方へ〜最後の特攻隊長の決断」、2015年「戦後70年 千の証言スペシャル 戦場写真が語る沖縄戦・隠された真実」、2016年報道の魂SP「米軍が最も恐れた男 〜あなたはカメジローを知っていますか」などを制作。2017年公開のドキュメンタリー映画「米軍《アメリカ》が最も恐れた男 その名は、カメジロー」監督。

「米軍《アメリカ》が恐《おそ》れた不屈《ふくつ》の男《おとこ》」瀬長亀次郎《せながかめじろう》の生涯《しょうがい》

2018年1月30日　第1刷発行
2019年9月10日　第5刷発行

著　者…………………佐古忠彦《さこただひこ》

発行者…………………渡瀬昌彦
発行所…………………株式会社講談社
東京都文京区音羽2丁目12-21［郵便番号］112-8001
電話［編集］03-5395-3522
［販売］03-5395-4415
［業務］03-5395-3615

印刷所…………………凸版印刷株式会社
製本所…………………株式会社国宝社

ISBN978-4-06-220950-2　N.D.C.365　270p　18cm